New 엄마표 생활영어 회화사전

New 엄마표 생활영어 회화사전

초판 1쇄 발행　　　　　　　　2011년　6월　20일
개정증보 하프에디션　1쇄 발행　2018년　3월　10일
개정증보 하프에디션 10쇄 발행　2025년 10월　20일

총괄기획　쑥쑥닷컴
지은이　홍현주(Hyunjoo Hong Ph.D), 윤재원(Jaewon Yoon)
집필도움　고수경, 고은영, 변경숙, 연규순, 이지영, 조양수
펴낸이　유성권

편집장　윤경선
편집　김효선 조아윤　　　　　**홍보**　윤소담 박채원
마케팅　김선우 강성 최성환 박혜민 김현지
제작　장재균　　　　　　　　**물류**　김성훈 강동훈

펴낸곳　㈜이퍼블릭
출판등록　1970년 7월 28일, 제1-170호
주소　서울시 양천구 목동서로 211 범문빌딩 (07995)
대표전화　02-2653-5131 | 팩스　02-2653-2455
메일　loginbook@epublic.co.kr
블로그　blog.naver.com/epubliclogin
홈페이지　www.loginbook.com
인스타그램　@book_login

● 이 책은 저작권법에 따라 보호받는 저작물이므로 무단전재와 복제를 금지하며, 이 책 내용의 전부 또는 일부를 이용하려면 반드시 저작권자와 ㈜이퍼블릭의 서면 동의를 받아야 합니다.
● 잘못된 책은 구입처에서 교환해 드립니다.
● 책값과 ISBN은 뒤표지에 있습니다.

로그인은 ㈜이퍼블릭의 실용서 브랜드입니다.

유아영어에서 초등영어까지 궁금한 모든 회화를 한 권에

New 엄마표
생활영어
회화사전

쑥쑥닷컴영어교육연구소(홍현주 외) 저

개정증보
하프에디션

로그인

엄생영 활용 후기

아이들 이야기

- **최선경 (12세)** 엄마도 아이도 표현이 궁금할 때, 답답할 때 젤 먼저 찾아보는 사전입니다~ 국어사전 찾듯 옆에 두고 활용하고 있어요~

- **오유찬 (초3)** 엄마가 영어를 정말 잘해서 영어로 말하는 줄 알았는데 알고보니 엄마의 영어 실력은 엄생영이었어요. 엄마가 말하고 나면 제가 그 표현이 어디 있는지 찾기놀이를 해요. 대답을 하고 싶어서요.

- **박현우 (10세)** '쏙쏙 들어오는 팁'이 있어서 궁금한 영어 표현과 문화에 대해서 알 수 있었고, 모르는 표현을 자세히 설명해줘서 생활에 쓰이는 영어표현을 알기 쉬웠어요.

- **주현진 (초5)** 처음에 엄마가 영어로 질문을 하면 어색해서 대답을 잘 못했어요. 그래서 이럴 땐 뭐라고 영어로 말하냐고 여쭤보면 엄마는 '엄마표 생활영어 표현사전' 찾아보자고 하셨어요. 책이 너무 두껍고 글이 너무 많아서 처음에는 찾기 힘들었는데, 이제는 금방 찾아요. 그리고 엄마랑 역할놀이처럼 말하기 연습도 했는데 재미있었어요.

- **최예준 예인 쌍둥이 (엄생영 활용 4년)** 우리 집에는 영어방이 있는데, 그 방에 들어가서 모자를 쓰면 우리 둘과 엄마는 영어로만 말해요. 엄마도 저희도 이 책을 보고 말을 해서 책이 항상 거실 소파 위에 있어요. 이제 지저분해지긴 했지만 엄마는 이 책이 우리가 영어로 말할 수 있는 시작이 되었다고 아주 좋아하세요. 영어를 더 잘해서 엄마한테 더 많이 알려 드리고 원어민처럼 말하고 싶어요.

- **손채원 (중2)** 어렸을 때 영어학원을 다니지 않고 엄마와 함께 영어를 배우면서 이 책을 활용하였을 때가 기억에 남네요. 영어를 처음 배울 때 엄마랑 영어로 대화하기가 참 힘들었는데 이 책을 보면서 엄마와 쉽게 대화할 수 있었던 것 같아요.

- **손유진 (초5)** 어려운 단어를 알아도 간단한 대화도 어떻게 말해야 하는지 잘 모르는데 실제로 생활을 하면서 책에 나와 있는 그대로 영어를 사용하니 영어가 편해졌어요. 이해하지 못하는 단어는 옆에 뜻이 적혀있고, 대화 내용을 어떻게 발음하는지 몰라도 MP3가 있어 영어를 잘하게 해줄 수 있는 좋은 사전인 것 같아요.

- 유민하 (12세) 엄생영 책을 통해 학원에 다니지 않고 영어를 훨씬 쉽게 할 수 있었습니다. 이 책에 나오는 생활에서 쓰이는 영어를 보고 연습해 외국인과 대화할 수 있는 용기가 나게 해주었습니다. 무엇보다 영어를 쉽게 재미있게 공부할 수 있어서 참 좋았어요. 다음에도 이런 재미있는 영어책 내어주시기 바랍니다. ♡

- 김승연 (초5) 예전에는 모르는 표현 찾는 사전인 줄 알고 사용했는데 이젠 내가 생각한 표현과 문장이 맞는지 확인하는 데 사용하고 있어요.

- 민지원 (16세) 어렸을 때부터 엄마와 영어로 대화하고 동화책을 많이 읽은 덕분에 지금 학교 영어시험 공부를 따로 하지 않아도 돼 다른 과목 공부할 시간이 확보돼서 좋아요. 엄생영과 엄마의 노력 덕분에 영어를 어릴 때 쉽게 접해 영어로 스트레스 받을 일 없어 감사하게 생각합니다.

- 민서진 (11세) 유치원 다닐 때는 집에서 늘 엄마랑 엄생영을 보고 영어로 많이 대화했어요. 길에서 엄마하고 영어하면 사람들이 쳐다봐서 좀 창피하기도 했어요. 지금은 영어로 된 유튜브 동영상 알아들을 수 있는 게 많아서 좋아요. 앞으로도 영어공부 열심히 할 거예요.

- 김가은 (중1) 저는 엄마표로 이중언어 환경에서 자라 올해 중학생이 돼요. 외국영화를 마음껏 보고 외국인과 서슴없이 대화할 수 있게 해준 엄마표영어 화이팅입니다~!!

엄마들 이야기

- **김아연 (엄마표 6년)** 보통의 회화 책들과 달리 다양한 상황에서의 많은 표현들이 담겨있는, 말 그대로 생활영어 표현사전이에요. 부담 가지고 외울 필요도 없이 그때 그때 필요한 표현을 찾아서 반복적으로 아이와 함께 이야기 하다보면 어느새 입에 붙어 익숙해지죠. 그리고 단어와 문화에 대한 설명이 들어있어 영어가 낯선 사람들을 위한 배려도 들어있습니다.

- **김은경 (엄마표 4년)** 영어 전공한 엄마도 아이들에게 말 붙일 때 몰래 자주 들춰보는 책!

- **임현정 (엄마표 8년)** 이 책을 가지고 온라인 스터디 그룹을 짜서 공부했던 자료를 다시 보니 정말 뿌듯해요. 그때 어떻게 그리 열심히 할 수 있었을까 싶은데 모두 다같이 으쌰으쌰해서 가능했지요. 영어를 손 놓았던 사람으로 영어를 다시 하기가 두려웠지만, 엄생영으로 재미있게 공부한 덕분에 다른 영어책을 보는 것도 편안해졌답니다.

- **윤혜정 (엄마표 6년)** 처음엔 그 두께에 놀라고 다음에 그 친절함에 놀라는 책입니다. 아이가 엄마의 짧은 영어를 넘어서게 되던 순간까지 가장 가까운 곳에 두고 보았던 책. 제일 많이 펼쳐보았던 곳은 '가장 많이 쓰는 엄마영어 베스트 50' 복사해서 냉장고에 붙여뒀었죠.

- **변경숙 (엄마표 10년, 《보통 엄마 초간단 영어공부》 저자)** 그간 '엄생영 파헤치기 스터디'를 이끌어오며 열정과 노력으로 만들어낸 기적과도 같은 엄마표영어의 성공 이야기에 얼마나 감동이었는지! 엄생영은 엄마표 영어의 바이블이자 교과서로 엄마들 사이에서 자리잡았지요. 엄마표를 실천하는 많은 사람들에게 지표가 되고 길을 제시하시는 박사님 늘 존경합니다.

- **김미영 (엄마표 7년)** 우리 아이가 더 넓은 세상을 품길 바라는 엄마의 꿈. 지금 나누는 소소한 생활영어에서 시작합니다. 홍현주 박사님의 엄마표 생활영어 사전이 옆에 있어 든든합니다.

- **이정화 (엄마표 8년)** 아이가 3살 때 이 책을 접하면서, 책 읽기를 통한 엄마표 영어에서 생활영어 부분까지 확장할 수 있었어요. 엄마의 영어에 반응하는 아이를 보면서 엄마표 영어에 대한 확신을 가질 수 있었답니다.

- **정재희 (엄마표 14년, 《행복한 영어놀이백과》 저자)** 어린 시절 엄마표 영어놀이로 성장, 이제는 스스로 공부하는 학생인 제 아이. 다른 길이 있어도 힘든 엄마표를 고집한 이유는 이게 정답이라 생각했기 때문입니다. 그 길에 있어 일등공신은 바로 '엄마표 생활영어 회화사전'!! 영어도우미 역할을 톡톡히 해준 책입니다. 저에게는 등불같은 책!

- **김소정 (엄마표 12년)** 저는 영어로 대화하기 쑥쓰럽고 혼자 소리 내어 책 읽기를 지루해하는 아이를 위해서 종종 이 책을 활용해서 대화문을 만들곤 했어요. 아이도 역할놀이라 생각하고 부담없이 참여했고, 여러 번 하다보니 조금씩 자신감을 갖게 되었어요.

🐷 **이경은 (엄마표 10년)** 이 책의 표현을 수첩에 써서 종일 틈틈이 외워 퇴근 후 쌍둥이들과 영어 말하기 놀이를 했지요. 그건 단지 영어를 외워서 써먹는다는 쾌감 말고도 제게 어떤 위안을 주었어요. 낮 동안 아이들과 떨어져 있지만 항상 아이들을 생각하는 마음으로 이렇게 공부한다는 의미였으니까요. 이 책을 하도 많이 쓴 바람에 책이 쪼개져서 아예 분권해 용수철 제본을 했지요. 저희 가족은 지금도 보고 있습니다.

🐷 **연규순 (엄마표 8년)** 미국에서 유치원을 다니다 귀국한 아이에게 자연스럽게 영어를 쓸 환경을 주고 싶었습니다. 같이 책을 읽고 MP3를 듣는 건 어렵지 않았는데 영어로 말 걸기는 쉽지 않았어요. 이 책은 저처럼 생활영어에 갈증을 느끼면서 엄마표를 하는 사람들의 의견을 취합하여 만들어진 산물입니다.

🐷 **이지영 (엄마표 14년, 《야무지고 따뜻한 영어교육법》 저자)** 우리나라에서 아이 키우면서 자주 쓰는 리얼 생생 표현들, 혹시나 싶어 찾아보면 역시나 다 들어있네요. "우리도 이런 말 하는데~" 하는 마음으로 책에 있는 표현마다 반가워요.

🐷 **허혜경 (엄마표 10년)** 아이가 어릴 때부터 이 책을 썼는데 지금은 조금 커서 이번 방학부터 목차 중에서 주제 하나를 정해서 한두 문장씩 쓰기 시작! 읽어보고 말하기 용도로도, 받아쓰기하며 쓰기연습 용도로도 활용하기 나름이니 이보다 더 좋을 수가~~

🐷 **김윤영 (엄마표 8년)** 이 책을 큰 애 6세에 처음 접하고 감탄에 감탄을 했었습니다. 자주 생기는 상황마다 어쩜 그리 디테일하게 잘 표현해놨던지 정말 버릴게 1도 없어요. 특히 엘리베이터와 밤 상황에서 유용하게 썼던 기억이 납니다. 배운 문장을 반복하다보면 어느새 한마디 툭 던졌을 때 아이가 귀신같이 알아듣는 날이 옵니다.

🐷 **진선하 (엄마표 3년)** 엄생영을 보면 생활에 실제 쓰이는 영어표현들을 직접 쓸 수도 있고, 또 엄마표영어를 어떻게 진행해야 할지도 알 수 있습니다. 책 한 권에 엄마표 영어 궁금증이 총망라되어 있어 제게 길잡이가 되는 책입니다.

● **주재원 (엄마표 8년)** 엄마가 해야할 말과 아이가 하고픈 말이 다 들어 있어 아는 단어 짜내어 문장을 만들지 않아도 되게 하는 우리들의 구세주~~ 일주일 정도 양을 정해 미리 프린트, 그 날 활용할 대화를 냉장고나 화장실 문 앞에 붙여 놓고 연습했어요. 이제는 아이가 궁금한 것을 찾아서 엄마 영어실력을 테스트한답니다.

● **배은실 (엄마표 7년)** 살아있는 영어가이드!! 엄지척!! 여행 중에 책 내용을 자기 전에 낭독하고 다음 날 햄버거집, 동물원에서 바로바로 활용했어요. "팝콘 치킨 코크 플리즈!" 하던 영어에서 문장으로 말하는 놀라운 체험. 엄마표로 7년에 아이가 읽은 책은 많아도 말은 옹알이 수준이었는데 박사님 책으로 입을 열게 되었어요.

● **김형숙 (엄마표 4년)** 생활영어는 영작으로 하는 말과는 다르다는 생각이 듭니다. 엄생영을 보니 궁금했던 생활영어들이 실려있더라구요. 제가 생각했던 것과는 다른, 실제로 영어권에서 사용되는 것이어서 우리말과 영어와의 차이도 알게 됩니다.

● **조양수 (엄마표 10년)** 이 책을 보고 영어로 말을 걸면 아이가 자연스럽게 영어로 대답했을 때의 기쁨을 잊을 수가 없습니다. 아이와의 추억이 가득한 이 책 이웃과도 나눴어요. 영어유치원 보내는 이웃 엄마는 원어민 선생님과 간단한 대화라도 하겠다며 빌려갔고, 해외로 가는 집은 필요한 대화 외우겠다며 빌려갔어요. 결국 다 구매하시더군요.

● **조아라 (엄마표 15년)** 항상 쓰는 말이지만 영어로 어떻게 표현하면 좋을지 궁금했던 것들은 물론이고, 생각지도 못한 상황에서 유용하게 쓰이는 표현이 정말 좋아서 일부러 상황극을 하고 싶을 정도로 알찬 표현이 가득합니다.

● **이은주 (엄마표 7년, 前 쑥쑥닷컴부장)** 홍현주 박사님께서 회원들과 1년 이상 함께 직접 자료를 조사하고 집필한 엄마표 생활영어 사전. 꼭 필요한 표현을 추리고 문장을 모아 책으로 탄생되는 과정을 저는 지켜보았습니다. 출간된 이후 게시판 스터디 그룹을 만들어 열심히 공부한 많은 엄마와 아이들에게 공동의 추억을 안겨준 책입니다.

● **고은영 (키즈북토리 카페운영자)** 제가 운영하는 어린이 영어도서관에는 엄마들을 위한 책도 있는데 책장 한가운데 있는 건 이 책. 도서관에 오는 엄마들 대부분이 가지고 있다며 반가워하십니다. 엄마들이 시도조차 못했다가 이 표현사전을 통해 이제는 자연스럽게 영어로 아이에게 말을 건넨다고 할 때 책 초판 작업에 참여했던 저는 어찌나 뿌듯하던지요!! 생활영어의 바이블인 것 같아요!!

● **김서정 (엄마표 10년, 유석초 영어교사)** 엄마표 생활영어라지만 자녀와 영어학습을 할 때 사용하는 표현도 꽤 들어있어 영어교사들이 봐도 큰 도움이 됩니다.

- **이수연 (퍼플에듀 대표)** 어린이영어 분야에서 워낙 독보적인 책입니다. 아이와 영어를 해보려고 노력하는 엄마들이 교과서처럼 갖고 있어야 할 책. 저희 사이트에서 공동구매를 많이 했는데 항상 날개 돋친 듯 판매가 되었습니다. 개정판 나온다니 정말 기대됩니다.

- **이선화 (영어도서관 이챕터스 대표)** 생활영어뿐 아니라 영어 지도 시에 쓰는 말도 무척 많고, 독특하게 원어민 교사와 소통할 때 필요한 표현도 아주 잘 돼 있어 학부형들께 많이 권해 드렸습니다.

- **최진성 (엄마표 8년차)** 마치 어릴 적 어느 집에서나 볼 수 있었던 백과사전과 같이 두툼하고 목록에서부터 나의 모든 궁금증들을 속 시원하게 풀어주는 사이다와 같은 책이었다. 첫 단원부터 차근차근 한 장 한 장 외워 줄 잇기, 가로 넣기 하며 달달 외우고, 잘 안 외워지는 것은 싱크대 문 앞 또는 냉장고에 붙여 두고 외웠다. 그렇게 6년동안 함께 한 엄생영. 책장을 넘기다 보면 형광펜으로 칠해진 부분과 연필로 동그라미 쳐진 단어… 나와 아이들이 함께 한 추억이 묻어 있는 고마운 책이다.

- **김현석 (엄마표 10년)** 목차만 4장… 아침에 일어나기부터 상황별 생활영어, 연령별 언어 표현, 원어민 교사와 상담하기까지 없는 표현이 없을 정도로 어마어마한 양이 들어있는 생활영어 표현 백과사전. 엄마, 아빠, 딸, 아들 '아이콘'이 있어 역할극도 가능하고 '쏙쏙 들어오는 Tip' 코너에선 용어 설명과 문화에 대한 설명이 있어 읽는 재미를 더해줍니다.

개정증보 하프에디션을 내면서

더 많은 가정에서
즐거운 영어놀이 사용서가 되길 바라며

2011년 6월에 출간된 이 책 초판은 따져 보면 그 원고 작업은 2009년 여름에 시작됐습니다. 저 혼자 써내려간 게 아니라 이제는 고유명사가 된 '엄마표영어' 하는 사람들 여섯 분을 모아 직접 또는 온라인으로 만나 논의하며 진행했습니다. 꽤나 고단한 일이었는데 출간된 뒤에 저는 엄청난 보람을 느꼈습니다. 엄마표 사이트에서 이 책을 교재로 두고 그룹스터디가 생겨났으니까요. 리더가 연습지를 나눠주는가 하면, 아이와 영어로 주고 받은 동영상을 나누기도 했어요.

이 두꺼운 책은 많은 가정에서 닳고 쪼개져서 더러는 새로 제본이 되고 더러는 아예 갈라져 사용됐습니다. 그래서 이번 개정증보 하프에디션은 독자들의 편의를 위해 표현사전과 회화사전으로 분권하였습니다. 책을 내고 나면 그게 어디에서 어떻게 쓰이는지 알 수 없는 게 저자들의 팔자입니다만, 저는 이 책이 꼬맹이들 놀이에 쓰이고 엄마들의 학습에 쓰이는 걸 목격했지요. 그러는 사이 저는 '엄마표영어 시조새'라는 별명을 얻었습니다. 그렇게 학습한 엄마들이 전국에서 엄마표 전문가로 활동하게 됐으니까요.

원고 첫 삽 뜬 뒤로 변화한 세상 속에 들어온 건 스마트 기기입니다. 우리 생활에서 커다란 역할을 하는 것이라 개정판 원고에 추가하였습니다. 컴퓨터 웹사이트보다는 스마트폰 SNS로 교류하는 엄마들을 위한 배려요, 개정이라는 새 옷을 입으면서 개선된 콘텐츠를 독자들께 드리고 싶었기 때문입니다. 이 책 활용방법은 초판 머리말을 참조하시기 바랍니다.

    초판 영문원고를 쓴 저자는 엄마표로 자란 제 아이입니다. 고등학생 때 초판에 참여했고 이번 개정판에는 대학생이 되어 참여했습니다. 놀라운 일은 초판 29쇄가 나오는 5년 동안 행복한 영어 역할놀이를 했던 아이들이 중고생이 돼 이 책 활용 후기를 썼다는 점입니다. 개정판은 이제 그보다 어린 아이들의 가정에서 즐거운 영어놀이 사용서가 될 것을 기대합니다. 감사합니다.

2018년 1월
영어교육박사 홍현주

초판 머리말

영어가 자유로운 아이를 꿈꾸는
'보통엄마'들을 위하여

　제가 몸담고 있는 쑥쑥닷컴(www.suksuk.com)은 유아에서 초중등까지의 자녀를 둔 엄마들이 모여 영어교육의 방향을 함께 고민하는 '영어교육 커뮤니티'입니다. 2000년 오픈 이래 벌써 150만 회원을 넘어섰으니, 아이 영어를 고민해 보신 분들이라면 다들 한 번쯤 들르셨을 엄마들의 사랑방 같은 곳이죠. 작년 5월 쑥쑥닷컴에서는 '엄마들을 위한 생활영어 표현사전'을 만들자는 기획을 하게 됩니다. 지난 10년간 쑥쑥맘들이 가장 어려움을 토로해 온 분야가 바로 '생활영어'였기 때문입니다. 아이가 영어를 '공부'가 아닌 '생활'로 자연스럽게 습득하기 위해서는 생활 속에서 익히는 과정이 꼭 필요한데, 우리 엄마들이 이놈의 생활영어를 제대로 배울 기회가 언제 있었어야 말이죠. 그래서 생활영어가 부담스러운 일명 대한민국 '보통엄마'들을 위해 이 책을 기획하게 되었습니다.

　이 책은 일종의 '공동 프로젝트'로 탄생했습니다. 아이가 영어를 친숙하게 여기도록 쉬운 표현은 직접 말해보고 싶어 하는 쑥쑥닷컴의 엄마들 여섯 명이 모여서 만들었다는 뜻입니다. 그 중에는 자녀가 갓난아이일 때부터 영어와 우리말을 동시에 노출해 준 엄마들도 있고, 영어동화책을 열심히 읽어주면서 차츰 영어를 스스로 익힌 엄마들도 있습니다. 이들 모두 '이런 말은 영어로 어떻게 표현할까?' 궁금해 했던 표현들이 많았기 때문에 처음 엄마들이 작성한 우리말 원고는 책을 여러 권으로 만들어야 할 정도였습니다. 덕분에 이 책은 가정에서, 부모와 자녀 사이에 발생할 수 있는 대화를 최대한 망라할 수 있었습니다.

　이 책의 표현들은 소제목별로 마치 특정 장면의 대사처럼 늘어놓아 상황을 상상할 수 있도록 고안하였습니다. 대화는 낱낱의 표현 모음이 아니라 상호간의 의미 있는 반응 집합이기 때문입니다. "엄마가 먼저 영어로 말해볼게, 너는 이렇게 답하면 돼." 하면서 시작하세요. 비슷한 상황이 되면 복습하면서 아이의 반응을 이끌어 보세요.

　다만 책에 나온 표현 하나하나를 기억시키려는 인위적인 노력보다, 집에서 영어를 구사함으로써 '유의미한 결과'가 생기는 경험을 하게 해야 합니다. 예를 들어 저녁상을 실제 차리고 "Dinner's ready, Honey!(공주, 저녁 다 됐어!)" 하며 부른다거나, 설거지를 하면서 "Can you help me do the dishes?(엄마 설거지하는 거 좀 도와줄래?)" 합니다. 또는 아이가 간식을 달라고 할 때 "영어로 한번 말해볼래? Can I have a snack?이거든." 하면서 간식을 마련해 주세요.

　초등 고학년만 되어도 영어가 학습으로 되는 것이 현실입니다. 미처 일상생활에 필요한 말도 배우기 전에 문제 풀기, 단어 외우기로 시간이 모자라게 됩니다. 영어교육 현장에서의 오랜 경험으로 볼 때 '의미 있는 의사소통이 일어나는 영어', '동화와 비디오를 통한 재미있는 영어'를 경험한 아이들이 중학교, 고등학교에서 기다리는 많은 학습량을 어려움 없이 소화해 냅니다. 자, 오늘부터 집안에서 간단한 대화는 영어로 해보세요. 편안하게 엄마·아빠와 자녀가 간단한 의사소통을 게임삼아 해보는 것은 아이가 영어를 친숙하게 받아들이고, 또 이를 계기로 영어를 구사하게 되니 겸연쩍어도 꼭 용기 내어 시도해 볼 일입니다.

　이 책이 나오기까지 함께 머리 맞대어준 우리 쑥쑥 엄마들과, 수개월에 걸쳐 힘들게 영문 작업을 한 아들 윤재원에게 고마움을 표합니다. 또한 무수한 논의와 생각을 함께 나눈 로그인 편집자와 무엇보다 이 책이 나오도록 격려하고 도와준 쑥쑥닷컴 전 임직원께 감사드립니다. 이 책을 쑥쑥닷컴 150만 회원님에게 바칩니다.

2011년 6월
쑥쑥닷컴 영어교육연구소장 홍현주

 홍박샘의 엄마표 영어학습법

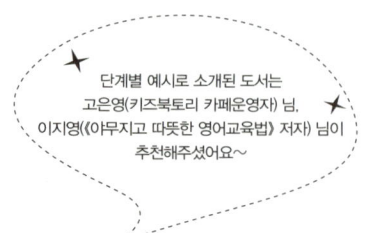
단계별 예시로 소개된 도서는 고은영(키즈북토리 카페운영자) 님, 이지영(《아무지고 따뜻한 영어교육법》 저자) 님이 추천해주셨어요~

영어가 자유로운 아이로 자라는
엄마표 영어 4단계 로드맵

자녀와 영어 공부를 시작하려는 엄마들은 '영어동요를 따라 불러라,' '아니다, 파닉스를 먼저 해야 한다,' 'DVD를 많이 봐라.' 등등 인터넷에서 난무하는 학습법 때문에 갈피를 잡기 어렵습니다. 또 일부 아이에게 성공적인 방법이 내 아이한테 맞는다는 보장이 없으니 불안하기만 합니다. 하지만 너무 고민하지 마세요. 왜냐하면 아무리 유행하는 첨단 공부법이 넘쳐나도 공통적으로 적용되는 기본 원칙이 있기 때문입니다. 어린이가 영어를 습득할 때 거치게 되는 다음 4가지 단계를 이해하고 각 단계별 주요사항과 주의점만 명심하면, 학원 또는 영어유치원을 보내든 엄마표로 하든 불안하지 않고, 무엇보다 즐겁게 성취감을 느끼는 영어를 익힐 수 있습니다.

1단계 소리에 익숙해지기!

문자를 전혀 모르거나 알파벳 몇 글자는 알아도 정확한 음소는 알지 못하는 유아를 대상으로 할 때는 무엇보다 '영어'라는 '소리(sounds)'에 익숙해지게 하는 것이 우선입니다. 이를 위해 리듬이 있는 챈트와 동요를 들려주거나 재미있는 DVD를 보게 하면 좋습니다. 그러나 이러한 방법보다 더 좋은 것은 일상생활을 주제로 하는 영어그림책을 엄마가 아이에게 많이 읽어주는 것입니다.

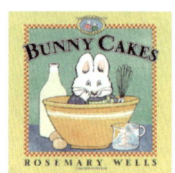 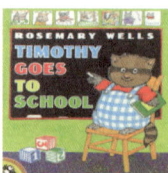  

▶ 〈맥스 앤 루비〉, 〈티모시네 유치원〉, 〈까이유〉는 유아들에게 친숙한 소재와 생활을 담고 있어 인기가 높은 시리즈. 〈마더 구스 클럽〉은 유튜브 채널(https://www.youtube.com/MotherGooseClub)에서 다양한 동영상을 서비스하고 있다.

'소리에 익숙해지기' 과정은 어린이들로 하여금 '구어(oral language)'를 익힐 수 있는 기회를 제공합니다. 이렇게 소리로 듣고 입으로 말하면서 어휘와 표현을 익혀두면, 문자를 배우고 책을 읽을 시기가 왔을 때 배경지식이 되어 언어습득을 수월하게 합니다. 영어동화책 중에서도 문형과 어휘가 반복되어 읽으면 리듬이 살아나는 동화나, 그림으로 이야기 줄거리가 설명되면서 일상적인 소재가 등장하는 생활동화가 좋습니다.

아직 책읽기의 즐거움을 모르는 나이에 지나치게 문자를 외우도록 종용한다든가, 아이가 전혀 관심을 보이지 않을 때 책읽기를 강요하는 것은 역효과이죠. 책이라는 물건이 장난감만큼 재미있음을 알게 하는 것이 최우선 과제입니다.

2단계 본격적인 독서를 위해 파닉스 떼기!

알파벳은 알지만 문자와 소리의 연결이 정확하지 않고 개별 문자의 음가는 알지만 아직 어휘 속에 들어 있는 패턴을 보지 못한다면 파닉스에 초점을 두세요. 파닉스란 힘들이지 않고 어휘를 척척 소리 낼 수 있는 능력입니다.

어휘를 힘들이지 않고 읽을 수 있어야 이야기의 내용에 집중하여 의미를 파악할 수 있습니다. 이를 위해 줄거리가 있는 동화책을 즐기면서 특정 어휘를 골라 비슷한 패턴이 있는 다른 단어와 연관지어 학습하거나 (예: train, tree, trick, try 또는 train, pain, rain, again 등) 파닉스를 전문으로 다룬 교재를 택해 계획을 짜서 학습합니다.

그러나 파닉스 자체가 읽기 교육의 전부가 아니므로 오랜 기간 파닉스만을 강조하는 학습은 지루합니다. 파닉스에서 다룬 어휘가 실제 텍스트에서 쓰이는 것을 볼 수 있도록 독서를 겸하는 것이 좋습니다. 유명작가의 그림동화 CD를 듣고 나서 스스로 읽도록 유도하고, 학습한 어휘를 그 책에서 찾아보거나 같은 첫소리나 끝소리가 있는 단어를 책에서 찾도록 해보세요.

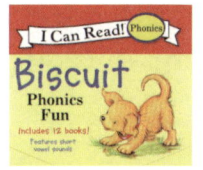 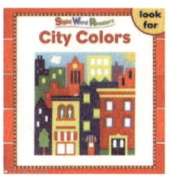 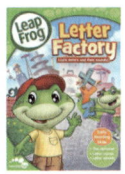 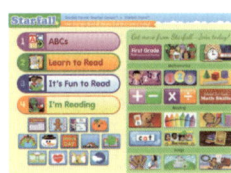

▶ 〈I Can Read Phonics〉, 〈Sightword Readers〉, 〈Leap Frog〉는 전통 학습지가 아니라 재미있게 파닉스를 배울 수 있는 학습자료. starfall.com은 풍부한 자료를 제공하는 사이트.

3단계 반복 읽기를 통해 유창성 훈련하기!

어휘를 개별적으로 보면 파닉스 원리에 따라 소리를 낼 수 있으나 문장을 더듬거리며 읽고, 읽은 후에 무슨 뜻인지 잘 이해하지 못한다면 '유창성(fluency) 훈련'을 해야 합니다. '유창성'이란 텍스트를 정확하고 빠르게 읽되, 의미를 잘 전달하면서 표현력 있게 낭독할 수 있는 능력입니다.

유창하게 글을 읽는다는 것은 읽는 동시에 내용을 이해한다는 증거입니다. 어휘 하나하나에 집중하면서 읽다 보면 소리도 부자연스러울 뿐더러, 내용을 파악할 겨를이 없습니다. 유창하게 큰 소리로 읽을 수 있으면 말하기에도 자신감이 생기고 독해력도 향상됩니다. 이를 위해 책을 큰 소리로 반복해서 읽는 것이 좋습니다. 어려운 문장은 짧게 끊어서 4회 반복하고, 어느 정도 유창해지면 전체 텍스트를 4회 반복해서 읽습니다. 더 좋은 방법은 오디오를 듣는 동시에 책을 보면서 큰 소리로 따라 읽는 것입니다. 이를 청독(audio assisted reading)이라고 하는데, 억양과 강세 습득에 도움이 되어 발음이 좋아지고 독해력도 향상됩니다.

유창성의 핵심은 '반복 읽기(repeated reading)'인데 지루하다는 단점이 있습니다. 어린이가 흥미로워 하는 책을 택하고 초를 재어 그래프를 그리거나, 횟수만큼 스티커 주기 또는 매번 다른 목소리를 흉내 내며 읽기 등을 시도하세요. 난이도별로 텍스트가 분류된 리더스 시리즈로 훈련하면서 차츰 단계를 높여가도록 도와주세요.

 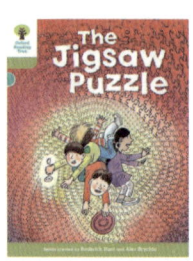 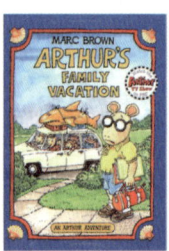

▶ 〈An I Can Read〉, 〈Oxford Reading Tree〉. 시리즈 레벨이 아주 다양해 점차 수준을 높여가며 독서 가능. 아서 시리즈는 유명 캐릭터인 아서가 주인공으로 〈아서 스타터〉, 〈아서 어드벤처〉, 〈아서 챕터북〉으로 이어지며 레벨이 다양하다.

4단계 다독으로 독해, 정독으로 어휘 잡기!

그림이 없어도 텍스트만으로 내용을 이해하는 단계가 되면, 이제 좀 더 심오한 독해연습을 합니다. 독해(reading comprehension)란 '일부 내용을 보고 다음 내용 예측하기', '전체 내용 요약하기', '작가의 의도 파악하기', '중요한 내용 파악하기' 등 단순한 정보를 외우는 것을 넘어 읽은 후 자기만의 말로 설명하되 이때 비교 및 평가도 할 수 있는 사고능력을 말합니다.

이때부터는 어휘에 집중하여 책을 읽고, 목표한 개수의 어휘를 골라 예문과 함께 학습하도록 지도해야 합니다. 또한 모르는 어휘가 나오면 문맥에서 힌트를 얻어 추측해 보는 연습을 합니다. 더불어 why, how 등 생각을 요하는 질문에 답을 써보는 것도 중요합니다. 이 과정에서 생각하는 연습과 쓰기 연습을 동시에 할 수 있습니다. 이를 위해 책을 읽고 내용을 묻는 주관식 질문에 답을 쓰거나 다양한 독해전략을 연습하도록 고안된 그래픽 오거나이저를 사용해 작문을 합니다. 챕터가 짧게 나뉜 챕터북과 감동적인 아동소설 뉴베리북 등을 활용하는 것이 좋습니다. 이런 훈련이 된 어린이는 시험에 대비한 독해문제집, 어휘집, 문법책을 접해도 어려워하지 않습니다.

그러나 독해 질문을 지나치게 많이 하여 책읽기가 고역이 되게 하지 말아야 합니다. 생각을 한다는 것은 상당히 어려운 사고과정이어서 아무런 보기 없이 바로 답을 요구하면 안 됩니다. "나는 작가가 이러이러한 생각을 갖고 있다고 생각해. 왜냐하면 책에 이러이러한 내용이 있으니까." 하는 식으로 먼저 엄마가 모범(model)을 보이고 아이 나름의 생각을 유도하는 것이 출발입니다.

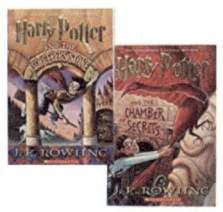

▶ 초기 챕터북에 속하는 〈매직트리 하우스〉 시리즈가 인기가 많다. 많은 감동을 주는 Newbery Books. 학부모들이 자녀 영어원서 읽기의 목표라고 생각하는 〈해리포터〉 시리즈.

엄마는 최고의 영어선생님!
그러나 엄마도 선생님이 필요하다!

'영어' 하면 기죽는 보통엄마들을 위한 든든한 영어 선생님!

하루 몇 마디라도 아이에게 생활영어를 자연스레 노출해 주고 싶지만 영어로 말할 자신이 없는 대한민국의 보통엄마들이 보다 자신 있고 행복하게 엄마표 영어를 진행할 수 있도록 일상생활 영어표현을 한 권으로 묶은 생활영어 표현사전입니다. 이 책 한 권이면 아이랑 엄마랑 사용하는 웬만한 일상생활표현은 모두 마스터 할 수 있습니다. '엄마, ○○○은 영어로 뭐야?'라며 시도때도 없이 물어오는 아이의 질문에 이제 자신 있게 영어로 대답해 주세요!

★ 150만 쑥쑥맘들이 가장 궁금해하는 4,300개 생활영어 회화 총망라

이 책에는 '쑥쑥 생활영어 한마디 게시판', '유아영어 게시판', '초등영어 게시판' 등 쑥쑥닷컴 사이트에서 지난 10년간 쑥쑥닷컴 회원들이 묻고 답한 4,300개 생활영어 회화가 총망라되어 있습니다. "어디 사니?" "서울에 살아요." 같은 자기 소개를 할 때 알아야 할 회화부터 "자, 오늘은 무슨 책을 읽을까?" "제가 고를래요." 같이 엄마표영어 수업을 할 때 알아야 할 회화까지 다 담았습니다.

'홍박샘'이 뽑고 쑥쑥 인기맘 6인이 리뷰한 베스트 영어표현

엄마들 사이에서 '홍현주 박사 선생님', 일명 '홍박샘'이라고 불리며 존경을 한 몸에 받고 있는 홍현주 쑥쑥닷컴 영어교육연구소장이 20년의 티칭 노하우를 모두 담아 가리고 가려 뽑은 베스트 영어표현만을 모았습니다. 또한 가은맘, 대런프레니맘, 령돌맘, 초코, 빨강머리앤, 벨벳 등 쑥쑥의 대표 인기맘 6인이 베타테스터로 나서 엄마들이 꼭 하고 싶은 표현이 빠지지 않았는지, 영어문장은 좋으나 엄마들이 쓰기에 너무 길거나 어려운 표현은 없는지 꼼꼼하게 리뷰하여 영어에 서투른 엄마도 쉽게 활용할 수 있도록 세심하게 배려하였습니다.

'유아영어'에서 '초등영어'까지 한 권으로 끝낸다!

큰애를 위한 '초등영어' 따로, 둘째를 위한 '유아영어' 따로 사실 필요 없습니다. 아장아장 유아 시기에서 유치원, 초등학교 시기까지 아이가 쓰는 표현, 엄마가 쓰는 표현을 한 권에 모두 담았습니다. 또한 영어유치원이나 영어학원 숙제에 필요한 영어일기·영어독후감 기본표현은 물론, 원어민 선생님 면담영어, 학기말 감사편지 표현까지 모두 수록되어 있어 이 한 권이면 대한민국 엄마들의 모든 영어고민이 확실하게 해결됩니다.

 이렇게 **활용하세요**

Step 1   아이랑 영어할 때 모르는 표현 찾아보기

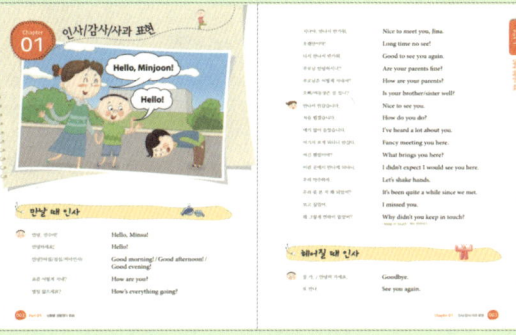

이 책에는 '머리 묶자', '숙제 다 했니?', '뱉으면 안 돼', '로션 발라' 같은 수능에도, 토익에도 안 나왔지만 아이랑 생활하며 매일매일 말하게 되는 4,300개 일상생활 영어표현이 상황별로 제시되어 있습니다. 이 책을 가족들이 자주 모이는 거실에 두고, 아이랑 영어로 대화할 때 궁금한 표현을 그때그때 찾아보세요.

Step 2   궁금한 표현 아이가 직접 찾아보게 하기

아이가 한글을 떼었고 영어 파닉스를 어느 정도 공부했다면, 이제 궁금한 표현을 아이가 직접 찾아볼 수 있게 지도해 주세요. 아이가 "엄마, OO은 영어로 뭐야?"라고 질문하면 "엄마도 잘 모르겠네. 우리 함께 찾아볼까?" 하며 아이가 직접 찾아보는 훈련을 시켜주세요. 엄마와 몇 번 반복해서 찾는 연습을 하면, 어느새 아이 혼자서도 필요한 표현을 찾아보는 습관이 길러집니다.

Step 3   온 가족 영어회화 연습대본으로 활용하기

아이와 함께 이 책으로 하루 한 장면씩 역할놀이를 하며 대화연습을 하여도 좋습니다. 책 속에 제시되어 있는 엄마, 아빠, 아들, 딸 아이콘을 따라 자기 역할을 정해 매일매일 대화 연습을 한다면 온 가족의 생활회화 실력이 가랑비에 옷 젖듯이 어느새 훌쩍 자라 있는 것을 발견하게 될 것입니다. 또한 전문 네이티브 성우들의 실감나는 연기가 듣는 재미를 더해 엄마표 영어의 흘려듣기 및 집중듣기 교재로도 활용이 용이합니다.

 본문 전체 녹음 MP3 파일 (5시간 분량)

본문 전체가 녹음된 총 5시간 분량의 MP3 파일 다운로드 서비스(콜롬북스 앱, 로그인 출판사 홈페이지)를 제공하고 있습니다. 엄마, 아빠, 아들, 딸 역할에 맞춰 실감 나는 연기를 펼치는 네이티브 성우들의 활기찬 목소리를 통해 아이의 리스닝 실력도 확실하게 잡아주세요!

목차 한눈에 보기

Part 1 상황별 생활영어 회화 • 001

Chapter 01 인사/감사/사과표현 • 002
Chapter 02 자기소개/가족소개 • 007
Chapter 03 날씨 • 019
Chapter 04 건강한 생활 • 028
Chapter 05 생리현상 • 046
Chapter 06 전화·스마트폰 • 055
Chapter 07 요리 • 063

Part 2 연령별 생활영어 회화: 태어나서 초등까지 • 071

Chapter 08 아기가 태어날 거예요 • 072
Chapter 09 반가워 아가야 (0~12개월) • 079
Chapter 10 무럭무럭 자라렴 (13~36개월) • 094
Chapter 11 동생이 생겼어요 • 104
Chapter 12 유치원에 가요 • 109
Chapter 13 초등학생이 되었어요 • 118
Chapter 14 친구가 생겼어요 • 130
Chapter 15 학교 공부 • 139
Chapter 16 학교 행사 • 148

Part 3 주말과 기념일 회화 • 161

Chapter 17 주말·휴일 즐기기 • 162
Chapter 18 오늘은 특별한 날 • 174
Chapter 19 가족과 동네 한바퀴 • 185
Chapter 20 여행 떠나기 • 199
Chapter 21 교통수단 • 207

Part 4 엄마표영어 학습 회화 • 215

Chapter 22 기본표현 말하기 • 216
Chapter 23 교과별 기초표현 • 230
Chapter 24 영어동화책을 읽어볼까? • 239
Chapter 25 영어 동영상 보기 • 253
Chapter 26 영어일기/독후감 기초표현 • 258
Chapter 27 영어유치원/영어학원 • 261
Chapter 28 원어민교사와 상담하기 • 268

목차 자세히 보기

- 엄생영 활용 후기 ... iv
- 개정판을 내면서 ... x
- 초판 머리말 ... xii
- 엄마표 영어 4단계 로드맵 ... xiv
- 이 책의 특징 ... xviii
- 이 책의 활용법 ... xix
- 가장 많이 쓰는 엄마영어 베스트 50 ... xxvi
- 가장 많이 쓰는 아이영어 베스트 50 ... xxviii

Part 1 상황별 생활영어 회화

Chapter 01 인사/감사/사과표현 ... 002
- 만날 때 인사 ... 002
- 헤어질 때 인사 ... 003
- 고맙다는 인사 ... 005
- 사과하기 ... 006

Chapter 02 자기소개/가족소개 ... 007
- 자기소개 ... 007
- 가족 수 소개하기 ... 009
- 부모님/조부모님 소개하기 ... 010
- 형제자매 소개 ... 012
- 친척 소개 ... 013
- 애완동물 소개 ... 015
- 장난감 소개하기 ... 016
- 사는 곳 소개하기 ... 017

Chapter 03 날씨 ... 019
- 화창한 날 ... 019
- 흐린 날 ... 020
- 비 오는 날 ... 021
- 눈 오는 날 ... 022
- 추운 날 ... 023
- 더운 날 ... 024
- 황사가 심한 날 ... 025
- 인공지능 스피커로 날씨 알아보기 ... 026

Chapter 04 건강한 생활 ... 028
- 건강하다고 말하기 ... 028
- 아프다고 말하기 ... 029
- 피곤할 때 ... 030
- 넘어졌을 때/부딪혔을 때 ... 031
- 베었을 때/피가 날 때 ... 032
- 코피 날 때 ... 033
- 감기 걸렸을 때 ... 034
- 열날 때 ... 035
- 머리/배가 아플 때 ... 036
- 이가 흔들릴 때/아플 때 ... 037
- 전염되는 병에 걸렸을 때 ... 039
- 벌레에 물렸을 때/가려울 때 ... 040
- 병원 가기 ... 041
- 약 먹기 ... 042
- 몸에 좋은 음식 먹기 ... 043
- 해로운 음식 주의 주기 ... 044

Chapter 05 생리현상 ... 046
- 소변보기 ... 046
- 대변보기 ... 047
- 변비 ... 049
- 방귀 ... 049
- 코딱지 ... 051
- 딸꾹질 ... 051
- 재채기 ... 052

하품	053
트림	053
손톱/발톱 깎기	054

Chapter 06 전화·스마트폰
전화 받기	055
전화 걸기	057
휴대전화 쓰기	058
문자 확인하기	059
스마트폰 쓰기	060

Chapter 07 요리
씻기	063
자르기/썰기	064
가열하기	066
바르기	067
접시에 담기	067

Part 2 연령별 생활영어 회화: 태어나서 초등까지

Chapter 08 아기가 태어날 거예요
아기가 태어날 거란다	072
여동생일까 남동생일까	073
예정일 말하기	074
뱃속 아기에게 말 걸기	075
아기의 탄생	077
쌍둥이	077

Chapter 09 반가워 아가야 (0~12개월)
우유 먹이기	079
기저귀 갈기	081
목욕시키기	082
안아주기, 업어주기	083
재우기	085
옹알이	086
우는 아기 달래기	087
뒤집기	088
앉기	088
배밀이/기기	089
이 날 때	090
잡고 서기	091
이유식 먹이기	092

Chapter 10 무럭무럭 자라렴 (13~36개월)
걸음마 배우기	094
배변훈련	095
젖병 떼기	097
손가락 빠는 버릇	098
유모차/카시트 타기	098
간식 만류하기	100
남아/여아의 차이	101
문화센터 가기	103

Chapter 11 동생이 생겼어요
동생이 예쁠 때	104
동생이 미울 때	105
투정 받아주기	106

Chapter 12 유치원에 가요
유치원 입학하기	109
반/선생님 배정	111
급식	112
스티커 모으기	113
방학식/진급식	114
재롱잔치/졸업식	116

Chapter 13 초등학생이 되었어요 ... 118
- 입학/학교 가기 ... 118
- 자기 소개하기 ... 120
- 짝꿍/자리 바꾸기 ... 121
- 수업 ... 122
- 숙제/준비물/알림장 ... 124
- 숙제하기 ... 125
- 지각/조퇴/결석 ... 126
- 방과 후 활동 ... 127
- 용돈관리 ... 128

Chapter 14 친구가 생겼어요 ... 130
- 반 친구 ... 130
- 친구 소개하기/사귀기 ... 131
- 친구 문제 ... 132
- 집단 괴롭힘 ... 134
- 친구네 놀러가기 ... 135
- 친구 집에서 자기 ... 137

Chapter 15 학교 공부 ... 139
- 공부 ... 139
- 시험 ... 141
- 성적 ... 142
- 상 받기 ... 145
- 방학 ... 146

Chapter 16 학교 행사 ... 148
- 소풍/현장학습 ... 148
- 운동회 ... 150
- 건강검진 ... 152
- 공개수업 ... 153
- 경시대회 ... 154
- 학부모 면담 ... 155
- 개교기념일 ... 156
- 졸업 ... 157

Part 3 주말과 기념일 회화

Chapter 17 주말·휴일 즐기기 ... 162
- 주말 보내기 ... 162
- 아빠 깨우기 ... 164
- 빈둥거리기 ... 165
- 쇼핑하기 ... 166
- 주말 계획 짜기 ... 167
- 휴가 계획 짜기 ... 168
- 아빠의 휴일근무 ... 168
- 국경일 ... 169
- 교회 ... 171
- 성당 ... 172
- 절 ... 173

Chapter 18 오늘은 특별한 날 ... 174
- 생일초대 ... 174
- 생일파티 가기 ... 176
- 생일파티 ... 177
- 생일선물 주고받기 ... 177
- 어른 생일잔치 ... 178
- 설날 ... 179
- 추석 ... 180
- 밸런타인데이, 화이트데이 ... 181
- 어린이날 ... 182
- 크리스마스 ... 183

Chapter 19 가족과 동네 한바퀴 ... 185
- 공원 산책하기 ... 185
- 공중화장실 ... 187
- 슈퍼마켓 ... 187
- 외식하기 ... 188
- 미용실 ... 190
- 찜질방 ... 191

영화관	192
서점	194
도서관	195
은행	196
소방서	197
경찰서	197

Chapter 20 여행 떠나기 — 199

등산	199
바다여행	200
수영장	201
놀이공원	202
박물관/미술관	204
사진 찍기	205

Chapter 21 교통수단 — 207

걸어가기	207
길 건너기	208
차타기	209
차 안에서	210
버스	211
택시	212
지하철	213

Part 4 엄마표영어 학습 회화

Chapter 22 기본표현 말하기 — 216

색깔	216
숫자	217
도형	218
크기	220
신체	220
동물/식물	222
날짜	223
요일	225
시간	225
계절	226
위치	228
직업	229

Chapter 23 교과별 기초표현 — 230

영어 파닉스	230
수학	232
과학	235
사회	236
체육	237

Chapter 24 영어동화책을 읽어볼까? — 239

영어동화책 고르기	239
스토리텔링	241
큰 소리로 읽기	242
눈으로 읽기	243
소리펜으로 읽기	244
단어 뜻 이해하기	246
줄거리 말하기	248
등장인물에 대해 얘기하기	249
동화 듣기	250
독서 후 활동	252

Chapter 25 영어 동영상 보기 — 253

영어 DVD 고르기	253
DVD 틀기	255
유튜브 동영상 보기	256

Chapter 26 영어일기/독후감 기초표현 — 258

영어독후감	258
영어일기	259

Chapter 27 영어유치원/영어학원 261
- 흔히 쓰는 교실영어 261
- 영어이름 264
- 나이 265
- 교사의 행동지시 265

Chapter 28 원어민교사와 상담하기 268
- 교사 268
- 부모 271
- 감사 편지 276
- 편지 문구 277
- 인사 편지 279

가장 많이 쓰는 엄마영어 베스트 50

01 일어날 시간이야! — Time to wake up!
02 좋은 아침! — Good morning!
03 잘 잤니? — Did you sleep well?
04 와서 아침 먹어. — Come and eat your breakfast.
05 골고루 먹어야지. — Don't be picky about your food.
06 세수하고 이 닦아. — Wash your face and brush your teeth.
07 아빠 출근하신다. 인사하렴. — Daddy is leaving. Say goodbye.
08 옷 입자. — Let's get dressed.
09 오늘 뭐 입을 거야? — What do you want to wear today?
10 머리 빗겨줄게. — Let me comb your hair.
11 얼굴에 로션 발랐니? — Did you put some lotion on your face?
12 서둘러, 얘야! 늦겠다. — Hurry up, Honey! You'll be late.
13 엘리베이터 왔네. 타자. — Here's the elevator. Let's get in.
14 1층 눌러. — Push button one.
15 내리자. — Let's get out.
16 잘 다녀와. — Have a nice day.
17 차 조심해. — Watch out for cars.
18 오늘 학교에서는 어땠니? — How was school today?
19 배고프니? — Are you hungry?
20 가서 손 씻어. — Go wash your hands.
21 간식 먹자. — Let's have a snack.
22 더 먹을래? — Do you want some more?
23 휴식시간 끝! — Recess is over!
24 공부할 시간이다! — It's time to study!

25	똑바로 앉아.	Sit properly.
26	숙제 있어?	Do you have any homework?
27	숙제 다했니?	Are you done with your homework?
28	시험 잘 봤어?	Did you do well on your test?
29	몇 점 맞았니?	What score did you get on the test?
30	잘했어!	Good job!
31	TV에서 물러나렴.	Move back from the TV.
32	TV 그만 꺼.	Turn off the TV now.
33	누가 이렇게 어질러 놨니?	Who made such a mess?
34	장난감 치워라.	Put your toys away.
35	아프니?	Are you sick?
36	쉬/똥 싸고 싶어?	Do you want to pee/poop?
37	업어줄까?	Do you want a piggy-back ride?
38	안아줄까?	Do you want me to hold you?
39	엄마한테 뽀뽀해야지!	Give me a kiss!
40	동생이랑 싸우지 마.	Don't fight with your little brother/sister.
41	동생 때리면 안 돼.	Don't hit your brother/sister.
42	누나 귀찮게 하지 마.	Don't bother your sister.
43	친구랑 사이좋게 지내야지.	Play nicely with your friends.
44	그만 징징거려.	Stop whining.
45	말대꾸하지 마!	Don't talk back!
46	엄마가 미안해. 화해하자.	I'm sorry. Let's make up.
47	엄마가 책 읽어줄게.	Let me read you a story.
48	잠잘 시간이다.	It's time to go to bed.
49	잘 자. 좋은 꿈 꿔!	Good night! Sweet dreams!
50	엄마가 사랑하는 거 알지?	Don't forget that I love you.

가장 많이 쓰는 아이영어 베스트 50

01	엄마 아빠, 안녕히 주무셨어요?	Good morning, Mom and Dad!
02	일어났어요.(엄마가 일어나라고 할 때)	I'm awake.
03	아빠, 안녕히 다녀오세요!	Have a nice day, Dad!
04	이 셔츠 입고 싶어요.	I want to wear this shirt.
05	제가 혼자 할 수 있어요.	I can do it by myself.
06	엄마, 저도 이제 다 컸어요.	Mom, I'm all grown up now.
07	엄마, 나 예뻐요/멋있어요?	Do I look good, Mom?
08	머리 묶어주세요.	Tie my hair, please.
09	다녀오겠습니다.	Goodbye! I'm leaving.
10	엄마, 다녀왔습니다.	I'm home, Mom.
11	엄마, 가위 좀 갖다주세요.	Can you get me the scissors, Mom?
12	엄마, 이것 좀 보세요.	Look at this, Mom.
13	엄마, 심심해요.	Mom, I'm bored.
14	엄마, 놀아주세요!	Play with me, Mom!
15	자동차 그려주세요.	Draw me a car.
16	TV 봐도 돼요?	Can I watch TV?
17	〈까이유〉 틀어주세요.	Please turn on Caillou.
18	이 프로만 보고요.	After this TV show.
19	컴퓨터 조금만 하면 안 돼요?	Can I play computer games for a little bit?
20	밖에 나가서 놀아도 돼요?	Can I go play outside?
21	지나네 집에 놀러가도 돼요?	Can I go play at Jina's house?
22	엄마, 저도 해보고 싶어요!	I want to try it, Mommy!
23	민지가 때렸어요.	Minji hit me.
24	제 잘못 아니에요.	It was not my fault.

25	쟤가 먼저 그랬어요.	He started it.
26	화내지 마세요.	Don't get angry.
27	잘못했어요. 다시는 안 그럴게요.	I'm sorry. It won't happen again.
28	나 정말 화났어요.	I'm really angry.
29	말대꾸하는 거 아니에요.	I'm not talking back.
30	엄마가 칭찬해 주시니까 좋아요.	I'm glad you praised me.
31	우유 주세요.	Can you get me milk, please?
32	조금만 더 주세요.	Can I have some more?
33	아이스크림 먹어도 돼요?	Can I have some ice cream?
34	버섯 싫어요.	I hate mushrooms.
35	밥 먹기 싫어요.	I don't feel like eating.
36	쉬 마려워요.	I need to pee.
37	응가 마려워요.	I need to poop.
38	엄마, 다했어요.	I'm done, Mom.
39	피곤해요.	I'm tired.
40	졸려요.	I'm sleepy. / I'm tired.
41	배고파요.	I'm hungry / I'm starving.
42	다리 아파요.	My legs hurt.
43	(꼭) 안아주세요.	Hold me (tight). / Give me a (big) hug.
44	업어주세요.	Give me a piggy-back ride.
45	쉬어도 돼요?	Can I take a break?
46	엄마, 같이 가요.	Wait for me, Mom.
47	아빠, 언제 오세요?	Dad, when are you coming?
48	엄마, 책 읽어주세요.	Can you read me a story, Mom?
49	엄마는 재우랑 나 중에 누굴 더 사랑해요?	Who do you love more, me or Jaewoo?
50	엄마가 세상에서 제일 좋아요.	I love you the most in the world.

Part 1

상황별 생활영어 회화

Chapter 01 인사 / 감사 / 사과표현
Chapter 02 자기소개 / 가족소개
Chapter 03 날씨
Chapter 04 건강한 생활
Chapter 05 생리현상
Chapter 06 전화·스마트폰
Chapter 07 요리

Chapter 01 인사/감사/사과 표현

만날 때 인사

 안녕, 민수야!   Hello, Minsu!

안녕하세요!   Hello!

안녕!(아침/점심/저녁인사)   Good morning! / Good afternoon! / Good evening!

요즘 어떻게 지내?   How are you?

별일 없으세요?   How's everything going?

지나야, 만나서 반가워.	Nice to meet you, Jina.
오랜만이야!	Long time no see!
다시 만나서 반가워.	Good to see you again.
부모님 안녕하시니?	Are your parents fine?
부모님은 어떻게 지내셔?	How are your parents?
오빠/여동생은 잘 있니?	Is your brother/sister well?
만나서 반갑습니다.	Nice to see you.
처음 뵙겠습니다.	How do you do?
얘기 많이 들었습니다.	I've heard a lot about you.
여기서 보게 되다니 반갑다.	Fancy meeting you here.
여긴 웬일이야?	What brings you here?
이런 곳에서 만나게 되다니.	I didn't expect I would see you here.
우리 악수하자.	Let's shake hands.
우리 못 본 지 꽤 되었지?	It's been quite a while since we met.
보고 싶었어.	I missed you.
왜 그렇게 연락이 없었어?	Why didn't you keep in touch?

- keep in touch 계속 연락하다

헤어질 때 인사

잘 가. / 안녕히 가세요.	Goodbye.
또 만나.	See you again.

나중에 보자.	See you later.
안녕. 내일 아침에 보자.	Good night. See you in the morning.
안녕. 그때 보자.	Bye. See you then.
월요일에 보자.	See you on Monday.
잘 있어.	Take care.
주말 잘 보내.	Have a good weekend.
다음 주에 만나자.	See you next week.
좋은 하루 되세요.	Have a good day.
네가 보고 싶을 거야.	I'm going to miss you. • miss 그리워하다
엄마께 안부 전해줘.	Say hi to your Mom for me.
계속 연락하자.	Let's keep in touch.
집에 도착하면 전화해.	Call me when you get home.
집에 도착하면 문자 보내.	Text me when you get home. / Give me a text message when you get home.
이메일 보내.	Email me. / Write me.
헤어지기 싫다.	I don't want to say goodbye.
만나서 즐거웠어.	I've enjoyed your company. • company 동행, 함께 있음
너를 잊지 않을게.	I won't forget you.

고맙다는 인사

고맙습니다.	Thank you.
정말 고맙습니다.	Thank you very much.
그 점 정말 감사해요.	I'm so grateful for that. • grateful 고마운
칭찬해 주셔서 고맙습니다.	Thank you for the compliment. • compliment 칭찬, 찬사
고맙습니다. 꼭 보답할게요.	Thank you. I'll pay you back.
괜찮아.	It's fine.
아무것도 아닌걸 뭐.	No problem. / It was not a big deal.
천만에요.	You're welcome.
도와주셔서 감사합니다.	Thank you for helping me.
엄마, 모든 일에 감사드려요.	Mom, thank you for everything.
제게 해주신 모든 일에 감사드려요.	Thank you for everything you've done for me.
엄마야말로 고맙다.	I'm the one who should say thanks.
어떻게 감사해야 할지 모르겠네요.	I don't know how to thank you.
작은 선물이에요.	Here's a little present.
감사하는 마음을 담았어요.	I want to express my thanks. • express 표현하다
감사 편지예요.	It's a thank-you note.
너무 멋진 선물이구나.	It's a great present.
동생한테 고맙다고 해야지.	Say thank you to your brother.
고맙다고 할 줄 알아야지.	You should learn to say thanks.

Chapter 01 | 인사/감사/사과 표현

사과하기

죄송해요, 엄마.	I'm sorry, Mom.
정말 죄송합니다.	I'm really sorry.
괜찮다.	It's okay. / No problem.
걱정하지 마라.	Don't worry.
늦어서 죄송해요.	I'm sorry I'm late.
죄송해요. 제 잘못이에요	I'm sorry. It was my fault. • fault 잘못
신경 쓰지 마.	Never mind.
그냥 잊어버려라.	Just forget it.
엄마, 용서해주세요.	Mom, forgive me please. • forgive 용서하다
말썽 피워서 죄송해요.	I'm sorry for the trouble I've caused.
그건 문제가 되지 않아.	That's not a problem.
일부러 그런 건 아니에요.	I didn't mean to do that.
실수였어요.	It was a mistake.
용서해줄게.	I'll forgive you.
엄마가 돈 물어줄게.	I'll pay for it.
동생한테 미안하다고 사과하렴.	Say sorry to your sister.
사과하는 건 부끄러운 게 아니야.	Apologizing isn't something to be shy of. • apologize 사과하다
말로만 미안하다고 다가 아니지.	Just saying sorry isn't enough.
어른들도 실수를 한단다.	Adults also make mistakes. • make a mistake 실수하다

Chapter 02 — 자기소개/가족소개

자기소개

 제 소개를 하겠습니다.   Let me introduce myself.   • introduce 소개하다

제 이름은 김지나입니다.   My name is Jina Kim.

 처음 뵙겠습니다. 이민수입니다.   Nice to meet you. I'm Minsu Lee.

만나서 반갑습니다. 매튜입니다.   Glad to meet you. I'm Matthew.

 어느 학교 다니니?   What school do you go to? / Where do you go to school?

신서 초등학교에 다녀요.	I go to Sinseo Elementary School.
몇 학년이니?	What grade are you in? • grade 학년
1학년입니다.	I'm in first grade. / I'm a first grader.
몇 살이니?	How old are you?
8살입니다.	I'm 8 years old.
취미가 뭐니?	What's your hobby?
피아노 치는 걸 좋아해요.	I like playing the piano.
어디서 태어났니?	Where were you born?
부산에서 태어났어요.	I was born in Busan.
어느 나라에서 왔니?	What country are you from? / Where are you from? • country 나라
대한민국에서 왔어요.	I'm from Korea.
저는 서울 토박이에요.	I'm a native of Seoul. • native 토박이, ~ 출신인 사람
뭐 하는 걸 좋아하니?	What do you like to do?
친구들과 노는 것을 좋아해요.	I like to play with my friends.
그림 그리는 것을 좋아해요.	I like to draw.
너의 장래희망은 뭐니?	What do you want to be in the future? • in the future 장래에, 미래에
피아니스트가 되고 싶어요.	I want to be a pianist.
커서 피아니스트가 되고 싶어요.	I want to be a pianist when I grow up.

가족 수 소개하기

 네 가족은 몇 명이니? — How many people are there in your family? / How many people do you have in your family?

 우리 가족은 네 명입니다. — There are four people in my family.

네 명이에요. 엄마, 아빠, 누나, 그리고 저예요. — Four. My mom, dad, sister, and me.

우리 가족은 아빠, 엄마, 형, 그리고 저예요. — My dad, mom, brother, and I are in my family.

저는 엄마, 아빠, 누나와 같이 살아요. — I live with my mom, dad, and sister.

우리 가족은 단출합니다. — We are a small family.

우리는 대가족입니다. — We are a big family.

우리는 식구가 많습니다. — We have a lot of people in our family.

다른 형제가 있니? — Do you have any siblings?   • sibling 형제자매

너는 남자형제나 여자형제가 있니? — Do you have any brothers or sisters?

 네, 누나가 두 명 있어요. — Yes, I have two sisters.

형은 있는데 누나는 없어요. — I have a brother but not a sister.

아뇨, 저는 외동이에요. — No, I'm an only child.

저는 가족 중 막내입니다. — I'm the youngest in the family.

저는 가족 중 첫째입니다. — I'm the oldest in the family.

부모님/조부모님 소개하기

 아빠는 무슨 일 하시니? — What does your father do?
 아빠는 회사 다니세요. — He works in some company.
아빠는 컴퓨터회사 다니세요. — He works for a computer company.
아빠는 삼성에 다니세요. — He works for Samsung.
아빠는 공무원이세요. — He works for the government.
우리 엄마는 선생님이세요. — My mom teaches at a school.
우리 엄마는 가정주부예요. — My mom is a homemaker.
우리 부모님은 맞벌이 하세요. — My parents both work.
우리 아빠는 매우 엄하세요. — My dad is very strict. • strict 엄한, 엄격한
아빠는 너무 바쁘셔서 저랑 자주 놀아주시지 못해요. — Daddy's too busy to play with me often.
아빠는 주말엔 저희랑 놀아주세요. — Daddy plays with us on weekends.
아빠는 집안청소를 도와주세요. — Daddy helps clean the house.
우리 엄마는 요리를 잘하세요. — My mom's a good cook.
엄마는 우리를 돌보느라 바쁘세요. — Mommy's busy because she has to take care of us.
저는 엄마를 많이 닮았어요. — I look a lot like my mom.
우리 엄마 아빠는 사이가 좋으세요. — My mom and dad are in a good relationship. • relationship 관계
저는 부모님을 존경해요. — I respect my parents. • respect 존중하다, 존경하다
우리 부모님은 이혼하셨어요. — My parents got divorced.

조부모님은 건강하시니?   How are your grandparents?

 두 분 다 건강하세요.   They're both healthy.

할아버지는 돌아가셨어요.   My grandfather passed away.
- **pass away** 세상을 떠나다

할머니는 제가 어릴 때 돌아가셨어요.   My grandmother died when I was young.

 할아버지 연세가 어떻게 되시니?   How old is your grandfather?

 할아버지는 66세예요.   He's 66 years old.

할아버지는 저희와 같이 사세요.   My grandfather lives with us.

할머니는 건강이 별로 안 좋으세요.   My grandmother isn't very healthy.

조부모님은 저를 정말 사랑하세요.   My grandparents really love me.

조부모님은 저에게 잘해주세요.   My grandparents are nice to me.

저는 할머니 할아버지가 제일 좋아요.   I love my grandparents the most.

직업 이름

직업 가운데 -man으로 끝나는 단어가 있습니다. 원래 man은 남자(male)뿐만 아니라 인간(human)이라는 뜻도 있기 때문에 직업이나 지위를 나타내는 단어에 '~하는 사람'이란 뜻으로 쓰였습니다. 그런데 요즘은 여성이 같은 직업을 가질 경우 정확한 의미가 전달되지 못한다는 이유로 man 대신에 다른 단어를 씁니다.

policeman – police officer (경찰관)   **chairman – chairperson** (의장)
postman – mail carrier (우편 배달부)   **fireman – firefighter** (소방수)
spokesman – spokesperson (대변인)   **statesman – politician** (정치인)

형제자매 소개

 여동생은 몇 살이니? — How old is your younger sister?

 동생은 다섯 살이에요. — She's 5 years old.

 동생이랑 몇 살 차이니? — How much older than your brother are you?

 세 살 차이예요. — We are 3 years apart.   • apart 떨어진

제 동생은 저보다 세 살 어려요. — My brother is 3 years younger than me.

누나는 저보다 세 살 많아요. — My sister is 3 years older than me.

 동생이랑 사이가 좋니? — Are you and your brother nice to each other? / Do you get along well with your brother?

 전 동생과 늘 싸워요. — I always get in fights with my brother.
• get in a fight 싸우다, 다투다

저와 동생은 공통점이 많아요. — My brother and I have a lot in common.
• in common 공통으로

저와 동생은 많이 달라요. — My brother and I are very different.

우리는 쌍둥이예요. — We are twins.

우리는 일란성 쌍둥이예요. — We are identical twins.   • identical twins 일란성 쌍둥이

우리는 이란성 쌍둥이예요. — We are different-looking twins.
⇨ 이란성 쌍둥이는 fraternal twins라고도 합니다.

 전 동생이 없으면 보고 싶어요. — I miss my brother when he's not here.

제 동생은 좀 말썽꾸러기예요. — My brother is a little troublemaker.

제 동생은 항상 장난치고 다녀요. — My brother is always monkeying around.
• monkey around 까불고 돌아다니다

제 동생은 유치원에 다녀요.	My sister is in kindergarten. / My sister goes to kindergarten.
우리 누나는 대학생이에요.	My sister is in college. / My sister goes to college.
우리 형은 내게 아주 잘 해줘요.	My brother is very nice to me.

친척 소개

저에겐 친척들이 많아요.	I have a lot of relatives. • relative 친척
친척이 많지 않아요.	I don't have many relatives.
저는 이모랑 이모부가 많아요.	I have many aunts and uncles. • aunt 이모, 고모, 숙모 • uncle 삼촌, 이모부, 고모부
저는 고모 한 분, 삼촌 한 분이 있어요.	I have one aunt and one uncle.
우리 이모는 서울에 살아요.	My aunt lives in Seoul.
방학 때면 전 친척집에 놀러 가요.	I go to my relative's house during school break. • break 휴식, 방학
명절 때는 다 같이 모여요.	We all get together during holidays.
저에게는 사촌형제가 많아요.	I have a lot of cousins. • cousin 사촌
저는 사촌들이랑 친하게 지내요.	I get along well with my cousins. / My cousins and I are friends with each other.
사촌들과 저는 조부모님 댁에서 놀아요.	My cousins and I play at my grandparents' house.
저는 고모들이랑 자주 만나요.	I meet my aunts often.

| 삼촌은 가끔 저희 집에 오세요. | My uncle sometimes comes to our house. |
| 삼촌 한 분이 미국에 사세요. | One of my uncles lives in America. |

· one of ~ 중 하나

친척을 부르는 호칭

우리말은 친척관계를 나타내는 어휘가 발달해 있으나 영어는 아주 단순합니다.

- **uncle**: 큰아빠, 작은아빠, 삼촌, 외삼촌, 이모부, 고모부
- **aunt**: 큰엄마, 작은엄마, 이모, 고모, 외숙모
- **cousin**: 사촌, 이종사촌, 고종사촌

애완동물 소개

저는 강아지 한 마리가 있어요.	I have a dog.
강아지 이름은 해피예요.	His name is Happy.
제가 학교에서 돌아오면 꼬리를 흔들어요.	He shakes his tail when I get back from school. • get back from ~에서 돌아오다
훈련이 잘된 강아지예요.	He is trained well.
우리 집에서 기른 지 2년 되었어요.	We've had him for 2 years.
다섯 살이에요.	He's 5 years old.
해피는 목욕하기를 싫어해요.	Happy doesn't like to take baths. • take a bath 목욕하다
해피는 늘 저만 졸졸 따라다녀요.	Happy always follows me around.
해피는 우리 가족의 일원이에요.	Happy is a member of our family.
해피는 저랑 산책하는 것을 좋아해요.	Happy likes to take a walk with me.
해피는 몇 가지 재주를 부려요.	Happy knows how to do some tricks. / Happy can do some tricks. • trick 재주
해피는 점프하고 뒹굴 줄 알아요.	Happy can jump and roll.
먹을 걸 주면 펄쩍펄쩍 뛰어요.	He's jumpy when I give him treats. • treat 특별한 것, 한턱
해피는 개껌을 가장 좋아해요.	Happy likes dog gum best.
해피는 암컷/수컷이에요.	Happy is a female/male. • female 암컷 • male 수컷
우리 엄마는 강아지가 털이 있어서 싫어 하세요.	My mom doesn't like dogs because they have fur. • fur 털

물고기 밥은 제가 줘요.	I feed the fish. • feed 먹을 것을 주다
어항 물을 갈아주어야 해요.	You need to change the water in the fish tank. • fish tank 어항
새장에 물을 넣어줘야 해요.	You need to put water into the birdcage.
배설물 치우는 일은 정말 하기 싫어요.	I hate cleaning up poo and pee. • poo〈유아어〉대변 • pee 소변
도마뱀은 특이한 애완동물이에요.	Lizards are weird pets. • lizard 도마뱀 • weird 이상한, 특이한
고슴도치가 새끼를 낳았어요.	The porcupine had a baby. • porcupine 호저 (고슴도치과의 동물)
예방접종을 시켰어요.	I got him/her a shot. • give a shot 주사 놓다

장난감 소개하기

네가 가장 좋아하는 장난감은 뭐니?	What's your favorite toy?
이 인형을 가장 좋아해요.	I like this doll the most.
그건 아빠가 주신 선물이었어요.	It was a present from my daddy.
제가 세 살 때부터 가지고 있던 거예요.	I've had it since I was 3. • since ~이래로
어디서 샀니?	Where did you buy it?
생일 선물로 받은 거예요.	I got it as a birthday gift.
산타할아버지가 준 선물이에요.	I got it from Santa Claus.
외출할 땐 꼭 이 인형을 가지고 가요.	I take this doll whenever I go out.
잘 때도 같이 자요.	I go to sleep with it, too.

	그게 없으면 잠이 안 와요.	I can't sleep without it.
	가장 아끼는 장난감이에요.	It's my favorite toy.
	이렇게 가지고 노는 거예요.	This is how you play with it.
	친구도 한번 놀게 해주렴.	Let your friend use it once.
	싫어요. 아끼는 거라서요.	I don't want to. It's my favorite.
	이름은 나나예요. 제가 지어줬어요.	Its name is Nana. I named it.
	이 시리즈 모으는 중이에요.	I'm collecting this series.
	조립하면 변신도 해요.	It transforms when I build it. • transform 변형되다, 변하다
	무선 조종하는 자동차예요.	It's a wireless car.　• wireless 무선의
	문구점에 가면 살 수 있어요.	You can buy it at the stationery store. • stationery store 문구점
	고장 나서 안 움직여요.	It won't move because it's broken.

사는 곳 소개하기

	어디 사니?	Where do you live?
	서울에 살아요.	I live in Seoul.
	무지개 아파트에 살아요.	I live in Rainbow Apartments.
	무지개 아파트가 어디 있지?	Where is Rainbow Apartments?
	가나초등학교 옆에 있어요.	It's next to Gana Elementary School.
	우리집은 7층이에요.	My house is on the 7th floor.

여기서 얼마나 머니? How far is it from here? • far 먼

 버스로 한 30분 걸려요. It takes about 30 minutes by bus.
• It takes (시간이) ~걸리다

 거기 산 지 얼마나 되었니? How long have you lived there?

 거기서 한 4년 살았어요. I've lived there for about 4 years.

유치원 때부터 거기서 살았어요. I've lived there since kindergarten.

 집주소가 뭐니? What is your address?

 서울시 종로구 송월동 100번지요. 100, Songwol-dong, Jongro-gu, Seoul.

 전화번호는 뭐니? What's your phone number?

집 전화번호는 뭐니? What's your home phone number?

엄마 휴대전화 번호 알고 있니? Do you know Mom's cell phone number?

 202-2114요. 지역번호는 02고요. It's 202-1114. The city code is 02.

02-202-1114예요. It's 02-202-1114.

 전화번호는 잊어버려선 안 돼. Don't forget your phone number.

Chapter 03 날씨

> How's the weather today?
>
> It's sunny.

화창한 날

오늘 날씨 어때요?	What's the weather like today? / How's the weather today?
화창한 날씨야.	It's a bright, sunny day.
날씨가 좋다.	It's beautiful.
날씨가 맑을 거야.	It's going to be fine.
날이 더워지고 있어.	It's getting warmer and warmer.

• get + 비교급 점점 ~해지다

햇볕이 따가우니까 선크림 바르자.	Put sunscreen on because the sun is hot. • sunscreen 자외선 차단제
안 바르면 얼굴이 탄다.	Your face will get sunburned if you don't put it on. • sunburned 햇볕에 타는
선캡으로 햇빛을 가리자.	Cover yourself from the sun with a sun cap.
되도록 그늘진 곳으로 걸어.	Try to walk on the shady side. • shady 그늘진
엄마 양산 같이 쓰고 가자.	Walk with me under my parasol.

흐린 날

날씨가 흐려요.	It's cloudy.
오늘은 하늘에 구름이 많아요.	A lot of clouds are in the sky today.
잔뜩 찌푸린 날씨예요.	It's a very cloudy day.
안개가 아주 짙어요.	It's really foggy. • foggy 안개 낀
먹구름이 잔뜩 있네.	There are a lot of dark clouds.
날씨가 우중충하다.	It's dark and cloudy.
하늘이 구름으로 뒤덮였구나.	The sky is covered with clouds. • be covered with ~로 덮여 있다
곧 비가 오겠다.	It's going to rain soon.
금세 비가 쏟아질 것 같네.	It's likely to rain soon. • likely ~일 것 같은
안개가 너무 짙어 잘 안 보이네.	It's so foggy that I can barely see anything. • barely 간신히, 거의 ~아니게
날씨가 음산하네.	The weather's creepy. • creepy 으스스한

흐리기도 하고 맑기도 하네.	It's partly cloudy and partly sunny. • partly 부분적으로
낮인데도 날이 너무 어둡네.	It's too dark even during the day.　• day 낮
날이 좋더니 이제는 흐려지네.	It's been sunny, but it is turning cloudy now.
흐린 날이 오래가는 것 같아.	Cloudy days seem to last longer.　• last 지속되다
흐린 날 좀 그만 끝났으면!	No more cloudy days! / I wish we had no more cloudy days.

비 오는 날

비가 오네.	It's raining.
비가 내리기 시작하네.	It's starting to rain.
가랑비가 내리고 있어.	It's drizzling.　• drizzle 보슬보슬 비가 내리다
밖에 소나기가 쏟아지네.	There is a heavy rain shower outside.
비가 억수같이 내리네.	It's pouring rain.　• pour (물 등을) 붓다
비가 그쳤어.	The rain has stopped.
어제부터 계속 비가 오고 있어.	It's been raining since yesterday.
온종일 비가 오락가락해.	It's been raining off and on all day.
오늘 하루 종일 비가 내려.	It's been raining the whole day today.
비가 그리 많이 오지는 않을 거야.	It's not going to rain that much.
천둥 번개가 친다.	There are thunder and lightning. • thunder 천둥　• lightning 번개
폭우가 내리는구나.	It's raining cats and dogs. • rain cats and dogs 폭우가 쏟아지다

홍수 날까 무섭네.	I'm afraid it's going to flood. • flood 홍수가 나다, 물에 잠기다
비가 오니 너무 습하구나.	It's too humid because of the rain. • humid 습한, 후텁지근한
장마철이야.	It's the rainy season.　• rainy season 장마철
한국은 8월이 장마철이야.	August is a rainy time of the year for Korea. • rainy time 장마철
창문 닫자.	Let's close the windows.
비옷을 입는 게 어떠니?	How about wearing a rain jacket?
비 오는 날은 싫어요. 밖에서 놀 수가 없잖아요.	I don't like rainy days. I can't play outside.
오늘은 좀 습하다.	It's kind of muggy today.　• muggy 후텁지근한
제습기를 틀어야겠다.	We need to turn on the dehumidifier. • dehumidifier 제습기
날씨가 개었구나.	The weather has cleared up. • clear up (날씨가) 개다

눈 오는 날

밖에 눈이 오네.	It's snowing outside.
우와, 첫눈이다!	Wow, the first snow of the year!
눈이 펑펑 오는구나.	It's snowing a lot.
눈이 10cm나 내렸어.	It snowed 10cm.
땅에 눈이 많이 쌓여 있어.	There's a lot of snow on the ground.

일주일 내내 눈이 내렸어.	It snowed all week.
온 세상이 눈으로 덮였어.	The world is covered in snow.
온 세상이 하얗구나.	The world is all white.
진눈깨비가 내리네.	It's sleeting. • sleet 진눈깨비가 오다, 진눈깨비
눈보라가 오려나.	I wonder if a snowstorm is coming. • snowstorm 눈보라
길이 꽁꽁 얼었네.	The road is frozen. • frozen 언
눈 때문에 오도가도 못하겠다.	We can't even move because of all the snow.
아빠, 눈싸움해요.	Let's have a snow fight, Dad. • snow fight 눈싸움
썰매 타고 싶어요.	I want to go sledding. • go sledding 썰매 타러 가다
눈사람 만들고 싶어요.	I want to make a snowman.
스케이트 타러 가요.	Let's go ice-skating.
눈이 녹지 않으면 좋겠어요.	I don't want the snow to melt. • melt 녹다
미끄러지지 않게 조심해라.	Be careful not to slip. • slip 미끄러지다
차에 쌓인 눈 좀 치우자.	Let's get the snow off the car. • get off 제거하다, 떼어내다

추운 날

오늘 너무 춥다.	It's so cold today.
날씨가 추워졌다.	The weather's gotten cold.
꽤 춥네.	It's pretty cold. / It's freezing. • pretty 꽤

	오늘 온도가 많이 내려갔어.	The temperature fell a lot today. • temperature 온도
	험악한 날씨구나.	It's awful weather.　• awful 끔찍한, 지독한
	폭풍이 오네.	There's a storm coming.
	오늘 얼어 죽는 줄 알았어요.	I thought I was going to freeze to death. • freeze 얼다　• to death 몹시, 죽으라고
	살을 에는 듯한 추위구나.	I'm freezing to death.
	오늘은 정말 겨울 같다.	It really feels like winter today.
	밖은 뼛속까지 추운 날씨네.	I was chilled to the bone outside.
	바람이 세게 불어요.	It's really windy.
	바람을 뚫고 걷기가 힘들어요.	It's hard to walk through the wind.
	모자가 날아가겠어요.	My hat's going to fly off.
	손이 너무 시려요.	My hands are freezing.
	오늘은 날씨가 쌀쌀하단다. 옷 많이 입으렴.	It's chilly today. Wear a lot of clothes. • chilly 쌀쌀한
	목도리를 두르렴.	Put a scarf on.
	장갑을 껴라.	Wear gloves.
	얼굴이 꽁꽁 얼었네.	Your face is really cold.

더운 날

 오늘은 덥네.　　　　　　It's hot today.

푹푹 찌네.　　　　　　　It's really hot.

찌는 듯한 더위다.	It's extremely hot. • **extremely** 극도로
후텁지근하다.	It's hot and humid.
오늘은 정말 여름 같다.	It really feels like summer today.
오늘은 바람 한 점 없네.	There isn't any wind blowing today.
며칠째 계속 덥네.	It's been hot for the past few days.

땀이 비오듯 해요.	I'm sweating like crazy. • **like crazy** 미친 듯이
등에서 땀이 줄줄 흘러요.	My back keeps sweating. • **sweat** 땀 흘리다
땀띠 때문에 간지러워요.	My rash is itchy. • **rash** 발진 • **itchy** 간지러운
에어컨/선풍기 좀 켜주세요.	Can you turn on the air conditioner/fan? • **air conditioner** 에어컨 • **fan** 선풍기, 부채

땀 좀 봐. 샤워하는 게 낫겠다.	You're sweating. You'd better shower.
샤워를 하면 좀 나아질 거야.	It will be better if you shower.
그늘에 좀 앉아 있자.	Sit in the shade for a little. • **shade** 그늘
비 좀 쏟아지면 좋겠다.	I wish it would rain.

황사가 심한 날

황사철이 왔구나.	The yellow dust season has come. • **yellow dust** 황사
황사주의보가 내렸어.	There's a yellow dust warning. • **warning** 경보, 주의보
최악의 황사가 전국을 강타했어.	The worst yellow dust storm hit the country.
누런 먼지 좀 보렴.	Look at the yellow dust.

	밖에 먼지가 뿌옇구나.	It's very dusty outside.
	봄에는 황사가 있어.	We get sandy yellow dust in the spring. • sandy yellow dust 황사
	황사가 뭐예요?	What is the yellow dust?
	먼지 바람이 부는 거란다.	It's dust winds blowing.
	중국에서 모래와 먼지가 여기로 날라오는 거란다.	Dust and sand from China fly over here.
	이제 자동차가 누래졌네.	The car is yellow now.
	마스크 챙겼니?	Did you get your mask?
	오늘은 마스크 쓰렴.	Wear your mask today.
	눈 비비면 안 돼.	Don't rub your eyes. • rub 비비다
	황사 때문에 창문을 닫아야겠구나.	We need to close the windows because of the yellow dust.
	오늘은 집 안에 있거라.	Just stay inside today.
	황사가 심하니 밖에 나가지 마라.	Don't go outside since the yellow dust is blowing hard.

인공지능 스피커로 날씨 알아보기

	시리한테 오늘 날씨 물어보자.	Let's ask Siri about the weather. • Siri 인공지능의 한 이름
	프렌즈에게 내일 부산 날씨 물어봐.	Ask Friends what the weather in Busan is like tomorrow. • Genie, Friends 인공지능 스피커의 이름

지니야, 오늘 서울 날씨가 어때?	Genie, what's the weather in Seoul like?
오늘은 흐리고 최고 기온이 3도입니다.	Today is cloudy and the high is 3°C.
오늘은 미세먼지 농도가 '매우 나쁨'이니 외출을 자제하세요.	The level of fine dust is very bad. Please stay indoors.
내일은 맑고 최저 기온이 10도입니다.	It will be clear and the low will be 10°C.

• fine dust 미세먼지

인공지능 (Artificial Intelligence)

스마트 기기가 발달하면서 키보드나 터치식 작동 외에 인간의 말을 인식해 작동하는 기기가 나왔습니다. Siri와 S Voice는 폰에 내장된 음성인식(voice recognition) 기능입니다. 일상생활에서 많이 쓰이는 것은 인공지능 스피커인데 인공지능은 영어로 Artificial Intelligence라고 하고 줄여서 AI라고 말합니다. Alexa, Genie, Tinker Bell, Friends 등 다양한 이름을 붙인 이 AI 스피커를 영어로는 그냥 smart speaker라고 하면 됩니다. 일정 체크, 날씨 확인, 음악 재생, TV 틀기 등에 개인 비서처럼 활용하라고 해서 smart personal assistant라고도 합니다. 이제 곧 인공지능 로봇도 생활화된다고 합니다.

Chapter 04 건강한 생활

건강하다고 말하기

 전 아주 건강해요. I'm very healthy. / I'm very healthy and strong. / I'm doing great.

하나도 아프지 않아요. I'm not sick at all.

아픈 데 없어요. I have no health problems.

전혀 힘들지 않아요. I'm not tired at all.

힘이 마구 솟아나요.	I feel strong. / I feel energetic inside.
엄마, 먹어도 또 먹고 싶어요.	Mom, I can't stop eating.
늘 건강하렴.	I hope you are always healthy.

아프다고 말하기

엄마, 아파요.	I am sick, Mom.
몸이 안 좋아요.	I don't feel well. / I'm not feeling well.
하루 종일 눕고 싶어요.	I want to lie down all day. • lie down 눕다
먹고 싶지 않아요.	I don't want to eat.
입맛이 없어요.	I've lost my appetite. • appetite 입맛
아프니?	Are you sick?
어디가 아픈데?	Where do you feel bad?
아파서 못 참겠어요.	I can't stand the pain. • stand 참다 • pain 고통
어지러워요.	I feel dizzy. • dizzy 어지러운
토할 것 같아요.	I feel like throwing up. • throw up 토하다
움직일 때마다 쑤셔요.	It hurts whenever I move.
콕콕 쑤시듯이 아파요.	It feels like something's poking me. • poke 찌르다
여기가 쓰라려요.	It feels sore here. • sore 쓰라린, 아픈
쥐어짜듯이 아파요.	It is kind of a squeezing pain. • squeezing 쥐어짜는

거기 만지면 아파요. If you touch there, it hurts.

쥐가 나고 있어요. I feel my muscles cramping up.
• cramp up 경련하다, 쥐나다

많이 아파? Does it hurt a lot?

언제부터 아팠는데? When did it start hurting? / When did your pain start?

엄마가 한번 볼까? Want Mommy to take a look?

피곤할 때

피곤해요. I'm tired.

기운이 없어요. I feel weak.

계속 피곤해요. I keep getting tired.

아무것도 하기 싫어요. I don't want to do anything.

씻을 기운도 없어요. I can't even wash myself.

손가락 하나도 까딱할 수 없어요. I can't even move a finger.

눈꺼풀이 자꾸만 내려와요. My eyes are getting drowsy. • drowsy 졸리는

눈 밑에 다크서클이 보이네. There are dark circles under your eyes. / You have dark circles under your eyes.

왜 그리 기운이 없어 보이니? Why do you look so down? • down 침체된, 기운없는

지쳐 보이는구나. You look exhausted.
• exhausted 지친, 기진맥진한 (tired보다 강한 표현)

낮잠 한숨 잘래? Want to take a nap? • take a nap 낮잠 자다

넘어졌을 때/부딪혔을 때

엄마, 나 넘어졌어요.	Mom, I fell down.
바닥에 미끄러졌어요.	I slipped on the floor.
뛰어가다 넘어졌어요.	I fell down while running.
돌에 걸려 넘어졌어요.	I tripped over a rock. • trip over ~에 걸려 넘어지다
중심을 잃고 넘어졌어요.	I lost my balance and fell. • lose one's balance 중심을 잃다

괜찮니? 다쳤니?	Are you okay? Did you get hurt?
바지에 구멍이 났네.	You got a hole in your pants. • hole 구멍
무릎에서 피가 나네.	Your knee is bleeding. • bleed 피 흘리다
무릎에 멍들었네.	You bruised your knees. • bruise 멍들게 하다
손바닥이 멍들었네.	Your palm got bruised. • bruised 멍든, 타박상을 입은
얼른 일어나야지.	Get up quickly.
탁탁 털어.	Get it off. / Shake the dust off.
길이 울퉁불퉁하구나.	The streets are very bumpy. • bumpy (바닥이) 울퉁불퉁한
땅을 잘 보자.	Let's watch the ground carefully.
와! 아기처럼 울지 않네.	Wow! You're not crying like a baby.
괜찮아. 울지 마.	It's okay. Don't cry.

쿵!	Bonk!
머리 부딪혔니?	Did you bump your head? • bump 부딪히다, 찧다

눈에 멍들겠네.	**Looks like you're going to get a black eye.** • Looks like ~인 것 같다 (= It looks like) • black eye 멍
앞을 잘 봤어야지.	**You should have looked ahead carefully.** • ahead 앞으로
손잡고 또 가보자.	**Let's hold hands and walk again.**

베었을 때/피가 날 때

피가 나요.	I'm bleeding.
베었어요.	I got a cut.
칼에 베었어요.	I cut myself with a knife.
종이에 베었어요.	I got a paper cut.
바늘에 찔렸어요.	I got poked by a needle.
유리조각에 베였어요.	I got cut by a piece of glass.
피가 나서 무서워요.	I'm scared because I'm bleeding.
괜찮아. 곧 멎을 거야.	It's fine. It's going to stop soon.
상처를 씻어야겠다.	We need to clean the wound. • wound 상처
어쩌다 베었니?	How did you get cut?
날카로운 것은 조심하라고 했잖아.	I told you to watch out for sharp things. • watch out 조심하다
아야! 소독약이 따가워요.	Ouch! The sterilizer hurt. • ouch 〈아플 때 내는 소리〉 아야 • sterilizer 소독약
연고 발라줄게.	Let me put the ointment on. • ointment 연고

상처에 밴드 붙이자.	Let's cover the wound with a band-aid. • band-aid 일회용 밴드
당분간 상처에 붕대를 감고 있으렴.	Keep the bandage on the wound for a while. • bandage 붕대
이렇게 해야 균이 속으로 못 들어가.	This helps prevent germs from getting inside. • germ 병균 • get inside 안으로 들어가다
상처를 보호하기 위해 딱지가 생길 거야.	A scab will form to protect the wound. • scab 딱지
딱지는 떼어내면 안 되는 거야.	Don't pick your scabs.

코피 날 때

엄마, 코피 나요.	My nose is bleeding, Mom.
고개를 젖혀.	Tilt your head down. • tilt 기울이다, 젖히다
일단 코에 휴지를 대자.	Let's put a tissue on your nose first.
솜으로 코피를 틀어막자.	Let's put a cotton ball up your bloody nose. • cotton ball 솜뭉치 • bloody 피흘리는
피 삼키지 마라.	Don't swallow the blood. • swallow 삼키다
입으로 숨 쉬어.	Breathe with your mouth.
셔츠에 피가 묻었어요.	I have blood on my shirt.
괜찮아. 다른 건 신경 쓰지 마.	It's okay. Don't worry about anything.

감기 걸렸을 때

 엄마, 저 감기 걸렸어요.   Mom, I caught a cold.

엄마, 춥고 몸이 떨려요.   I feel cold and shaky, Mom. / Mom, I feel cold and am shivering.
• feel shaky 몸살이 나다   • shiver 떨다

목이 따끔거려요.   I have a sore throat.   • sore throat 목 아픔, 인후통

콧물이 나요.   I have a runny nose.   • runny nose 콧물

코가 막혀요.   I have a stuffy nose.   • stuffy 답답한, 막힌

삼킬 때 목이 아파요.   My throat hurts when I swallow.
• swallow 삼키다

목 아파서 먹기 싫어요.   I don't want to eat because my throat hurts.

자꾸 기침이 나요.   I have a bad cough. / I am coughing a lot.

목에 가래가 있어요.   I have some phlegm in my throat.   • phlegm 가래

기침을 너무 심하게 하네.   You're coughing too hard.   • cough 기침하다

콧물이 노랗네.   Your snot is yellow.   • snot 콧물

감기에 걸린 모양이구나.   I think you have a cold. / You seem to have caught a cold.

독감에 걸렸나 보네.   You seem to have caught the flu.

감기가 심하구나.   It is such a severe cold.   • severe 심한

현서한테 감기 옮았나 보다.   You might have caught a cold from Hyunseo.

병원에 가야겠다.   You need to see a doctor. / Let's go to see a doctor.

오늘은 샤워하면 안 돼.	Don't take a shower today.
찬바람 쐬면 안 된단다.	Don't go out in the cold air.
의사선생님이 찬 것 먹지 말라고 했지?	The doctor told you not to eat cold things, right?
목에 수건 좀 두르자.	Let's put a towel around your neck.
목 아프니까 말 너무 많이 하지 마라.	Don't talk too much since your throat hurts.
코를 세게 풀럼.	Blow your nose hard. • blow one's nose 코를 풀다
가래는 뱉어내야 해. 삼키지 말고.	You need to spit out the phlegm and not swallow it. • spit out 뱉다
기침할 때는 손으로 입을 가려라.	Cover your mouth with your hand when you cough.
사람 없는 쪽으로 기침해야지.	Try not to cough on people.

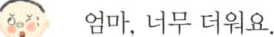 열날 때

엄마, 너무 더워요.	Mom, I feel very hot.
열이 나서 몸이 너무 뜨거워요.	I have a fever, so my body feels really hot.
어지러워요.	I feel dizzy.
열이 나는지 보자.	Let me see if you have a fever. • Let me see if ~인지 내가 볼게
체온을 재보자.	Let's check your temperature. • temperature 온도
이마 좀 만져보자.	Let me feel your forehead.
열이 나는구나.	You have a fever.

열이 많구나.	You have a high fever.
이마가 불덩이네.	Your forehead's really hot.
해열제를 먹도록 하자.	Let's take a fever reducer.　• fever reducer 해열제
물을 많이 먹어야 돼.	You need to drink a lot of water.
옷을 좀 벗어야겠다.	You need to take off your clothes.
엄마가 물수건으로 몸을 식혀줄게.	I'll cool you down with a wet towel.
이 얼음팩을 안고 있어 보렴.	Hold this ice pack.
네 몸이 지금 세균과 싸우는 중인가 봐.	I guess your body's fighting the germs right now.

머리/배가 아플 때

엄마, 머리가 아파요.	I have a headache, Mom.
머리가 너무 아파요.	I have a terrible headache.
어디 보자. 이마 좀 만져볼까?	Let me see. Can I touch your forehead?
많이 아프니?	Do you feel a lot of pain? / Are you sick very much?
약을 줄게. 좀 지켜보자.	I'll give you some medicine. Let's see.　• medicine 약
엄마, 배가 아파요.	I have a stomachache, Mom.
토할 것 같아요.	I think I'm going to throw up.
설사가 나와요.	I have diarrhea.　• diarrhea 설사
똥이 물처럼 나와요.	My poop's coming out like water.

체했나 보다.   It looks like you got stomach upset.

소화제 시럽을 줄게.   I'll give you some digestive syrup.
• digestive 소화의

아까 뭘 먹었지?   What did you eat before?

찬 걸 너무 많이 먹었나 보다.   Looks like you ate too many cold things.

똥이 마려운 거니?   Do you need to poop?   • poop 응가하다

누워서 쉬는 게 좋겠다.   You should lie down and rest.   • rest 쉬다

엄마가 배 문질러줄게. 곧 나을 거야.   Let me rub your tummy. You'll be fine soon.

배에 핫팩을 대줄까?   Want to put a hot pack on your tummy?

이가 흔들릴 때/아플 때

 엄마, 이가 흔들려요.   I've got a loose tooth, Mom.
• loose tooth 흔들리는 이 (= wiggly tooth)

어금니가 아파요.   My inner tooth hurts.   • inner tooth 안쪽의 이

이가 아파서 못 씹겠어요.   I can't chew it because my tooth hurts.
• chew 씹다

 입 벌리고 아~ 해보렴.   Open your mouth. Say, "Ah~."

어떤 이가 아프니?   Which tooth hurts?

이가 빠지려나 보다.   It looks like your tooth's going to fall off.
• fall off 빠지다

치과에 가야겠다.   You need to see the dentist.   • dentist 치과의사

내일 치과 가서 이를 빼자.   Let's go to see a dentist tomorrow to take the tooth out.

엄마가 실로 빼줄게.	Mommy will pull it out with a thread.
이를 베개 밑에 넣어놔.	Place your tooth underneath your pillow.
잠자는 동안 이빨요정이 와서 이를 가져갈 거야.	The tooth fairy will come while you sleep and take your tooth. • tooth fairy 이빨 요정 (서양에서는 빠진 이를 베개 밑에 두고 자면 밤새 이빨요정이 와서 가져가고 대신 돈을 놓고 간다고 한다.)
대신에 선물/돈을 놓고 간단다.	She will leave you a present/money in return.
이빨요정이 어떤 선물을 줄까요?	What present will the tooth fairy give me?
글쎄다. 빨리 자야 이빨요정이 오지.	I don't know for sure. Go to sleep early so that the tooth fairy can come.
충치가 생겼나 보다.	It looks like you have got a cavity. • cavity 충치
단것을 너무 많이 먹었나 봐.	It looks like you ate too much sweet stuff. • sweet stuff 단것
아프지 않은 쪽으로 씹으렴.	Chew with your teeth that don't hurt.
치과 가기 무서운데요.	I'm scared to go to the dentist.
괜찮단다. 의사선생님이 안 아프게 치료해주실 거야.	It's okay. The doctor will treat you gently. • gently 부드럽게
엄마, 흔들리던 이가 빠졌어요.	Mom, the wiggly tooth fell out.
이상해요. 하나도 안 아팠어요.	That's strange. It didn't hurt at all.
처음으로 이가 빠졌어요.	My tooth fell out for the first time.
이가 빠지는지도 몰랐어요.	I didn't know my tooth fell out.
지나는 아직 하나도 안 빠졌어요.	Jina still has not lost any teeth.
이가 빠져서 씹을 때 불편해요.	It's hard to chew because some of my teeth are missing.
조금만 기다려. 곧 새 이가 나올 거야.	Wait for a while. Your new teeth will grow soon.

| 입을 벌려봐. 이가 몇 개나 빠졌나 보자. | Open your mouth. Let's see how many teeth have fallen out. |

전염되는 병에 걸렸을 때

몸에 뭐가 난 것 같아요.	I think I broke something in my body.
온몸에 뭐가 났어요.	I broke out all over my body.
	• break out (피부에 뭐가) 갑자기 나다
수두에 걸린 것 같네.	It seems like you have chicken pox.
오늘은 학교에 가면 안 된단다.	You shouldn't go to school today.
오늘은 집에 있으렴.	Stay home today.
친구들이 너한테 옮을 수 있어서 그래.	Your friends could also catch it from you.
	• catch (병에) 걸리다
동생하고 컵을 같이 쓰면 안 돼.	Don't use the cup together with your brother.
수건이나 숟갈을 따로 쓰도록 하자.	Let's use different towels and spoons.
우리 식구가 다 병에 걸리면 안 되겠지?	You don't want the entire family to get sick, do you? • entire 전체의, 온
빨리 나으면 좋겠다.	I hope you get well soon. • get well 낫다
동생이랑 같이 놀면 안 돼요?	Can't I play with my brother?
조금만 참았다가 나으면 놀아.	Wait a little and play when you get better.
언제 나아요?	When can I get better?
한 일주일쯤 걸릴 거야.	Maybe in a week or so.
동생은 왜 할머니네 보냈어요?	Why did you send my sister to Grandma's?

동생까지 병에 걸릴까 봐. I was afraid that your sister might catch it, too. • I am afraid that ~일 것 같아 걱정이다

벌레에 물렸을 때/가려울 때

엄마, 여기 벌레가 물었나 봐요. I think I got a bug bite here, Mom.
• bug bite 벌레 물림

빨갛게 부어올라요. It's swollen and red. • swollen 부어오른

간지러워요. It's ticklish. / It's itchy. • ticklish 간지러운

간지러워서 못 자겠어요. I can't sleep because it itches.

뭐가 물었을까? I wonder what bit you. • bit bite (물다)의 과거형

긁으면 안 돼. Don't scratch it. • scratch 긁다

긁으면 덧난다. It can get worse if you scratch it.

가려워도 긁지 마. Don't scratch it even if it's ticklish.

긁으면 세균이 들어가서 더 가려워. If you scratch it, germs will get in. It'll get more itchy.

못 참겠어요. I can't hold it. / I can't stand it.

이 가려움증 약을 바르면 나아질 거야. This itch relief will help.
• itch relief 가려움을 완화시키는 피부약

벌레 물린 데 바르는 약을 발라줄게. I'll put on some bug bite remedy for you.
• remedy 치료제

이 얼음팩을 대고 있으렴. Put this ice pack on it.

안 긁으면 나을 거야. It will get better if you don't scratch it.

이거 봐. 긁어서 피가 나잖니. Look. It's bleeding after you scratched it.

병원 가기

 병원 가자. — Let's go to the hospital. / Let's go to see a doctor.

 주사 맞아야 해요? — Do I have to get a shot? • get a shot 주사 맞다

 아니야. 진찰만 받을 거야. — No, you'll just check with the doctor.

그냥 정기 검진이야. — It is just a regular checkup. • checkup 건강검진

의사선생님께 인사해야지. — Say hello to the doctor.

숨을 크게 쉬어봐. — Take a deep breath.

귀랑 코도 좀 보신대. — He's going to look at your ears and nose.

키랑 몸무게도 재어보자. — Let's measure your height and weight.
• measure 재다 • height 신장, 키 • weight 체중

135cm에 25kg이네. — You are 135cm tall and weigh 25kg.

독감예방접종을 해야 해. — You need to get a flu shot. • flu shot 독감예방주사

좀 따끔할 거야. 겁먹지 마. — It will sting a little. Don't be scared.

와, 울지도 않고 잘 참네. — Wow, you're doing well by not crying.

처방전을 받아서 가자. — Let's get the prescription and go.

이제 다 끝났다. — It's all over now. / Everything's done now.

약국에 가자. — Let's go to the pharmacy. • pharmacy 약국

약 먹기

 약 먹자. — Let's take some medicine. • take medicine 약을 먹다

 약 먹기 싫어요. — I don't want to take any medicine.

 그럼 안 나을 텐데. — Then you won't get better.
• get better (몸이) 나아지다

먹을 수 있지? — Can you take it?

밥 먹고 30분 후에 먹으렴. — Take it 30 minutes after meal.

하루에 두 번 먹어야 해. — You need to take it twice a day.
• twice a day 하루에 두 번

이건 항생제니까 꼭 먹어야 해. — These are antibiotics, so you need to take them. • antibiotic 항생제

이건 기침약이고, 이건 콧물약이란다. — This is for your cough, and this is for your runny nose. • cough 기침

이 약 먹으면 나을 거야. — You'll get better after taking this medicine.

약도 잘 먹고 기특해라. — Good job taking your medicine.
• good job 잘하다

쭉 들이마셔. — Drink all of it.

뱉어내면 다시 먹어야 해. — You need to take it again if you spit it out.

여기 물이랑 사탕 있어. — Here's some water and candy.

이거 먹고 바로 사탕을 입에 넣어. — Put the candy in your mouth right after taking this.

 약 또 먹고 싶어요. — I want to take the medicine again.

안 돼! 약은 지시받은 대로 먹어야 하는 거야. — No way! You should take your medicine like you are told. • like you are told 들은 대로, 지시받은 대로

너무 써요. It's very bitter.

약 먹으니까 졸음이 와요. I feel sleepy since I took the medicine.

몸에 좋은 음식 먹기

 우유 마시면 키가 큰대. You'll get taller if you drink milk.

이 멸치를 먹으면 뼈가 튼튼해져. This dry anchovy will help your bones get stronger. • dry anchovy 멸치

미역이 피를 맑게 해줄 거야. Seaweed makes your blood cleaner. • seaweed 해조류

채소를 먹으면 피부가 고와진단다. Your skin will get smoother if you eat vegetables. • smooth 매끈한, 부드러운

시금치 먹고 뽀빠이처럼 힘센 사람 되자. Let's eat spinach and be strong like Popeye. • spinach 시금치

엄마가 널 위해 정성스럽게 요리한 거야. Mom cooked with love for you.

그냥 쌀밥보다는 잡곡밥이 더 좋단다. Multigrain rice is better than plain rice. • multigrain 잡곡이 든

콩을 먹어야 힘도 세지고 근육도 생겨. Beans make you stronger and give you muscles. • bean 콩

즐겁게 먹어야 소화가 더 잘되겠지? Eat happily so you'll digest your food better. • digest 소화하다

맛은 없어도 건강에는 좋아. It's good for you even though it tastes bad. • even though ~일지라도

언제나 제철 음식이 싱싱하단다. Seasonal food is always fresh. • seasonal 계절에 따른

잘 익히는 게 안전하단다.	It's safe to cook it fully. • cook 익히다
골고루 먹는 게 중요한 거야.	It's important to eat everything.
너무 편식하지 마.	Don't be so picky about food. • picky 까다로운
엄마는 당근을 안 먹어서 눈이 안 좋은가 봐.	Mom's eyesight is bad because I didn't eat carrots. • eyesight 시력 • carrot 당근
전 채소 잘 먹어요.	I love to eat vegetables.

해로운 음식 주의 주기

사탕은 이를 상하게 한단다.	Candy will make your teeth bad.
아이스크림 너무 많이 먹으면 배 아파.	Too much ice cream will give you a stomachache.
너무 짠 음식은 많이 먹지 않는 게 좋단다.	You shouldn't eat much too salty food. • salty 짠
이상한 냄새 나는 음식은 먹지 마.	Don't eat food that smells weird.
인스턴트 식품은 건강에 좋지 않아.	Instant food is bad for your health. • be bad for ~에 나쁘다
이 음료수는 색소덩어리네.	This drink is full of coloring. • be full of ~이 가득하다
길거리 음식은 깨끗하지 않단다.	Street food isn't clean.
길거리 음식은 안전하지 않아 걱정이야.	I'm afraid that street food is not safe.
편식하면 몸이 안 자란단다.	You won't grow if you don't eat everything.
고기만 먹고 채소를 안 먹으면 피가 일을 잘 못해.	Your blood won't work well if you eat just meat but no vegetables.

기름진 음식을 너무 많이 먹으면 뚱뚱해져.	You'll get fat if you eat too much fatty food. • fatty 기름진, 지방이 많은
매운 음식을 너무 많이 먹으면 위가 아파.	If you eat too much spicy food, your stomach will hurt. • stomach 배, 위
과일을 씻지 않으면 농약을 그대로 다 먹게 돼.	If you don't clean the fruit, you are basically eating all the pesticides. • pesticide 살충제, 농약
유통기한이 지났네. 버리자.	The food has expired. Let's throw it away. • expired 유통기한이 지난
지지! 땅에 떨어뜨린 것은 먹으면 안 돼.	Nope! Don't eat it after you drop it on the ground.
엄마도 커피 너무 많이 마시지 마세요.	Don't drink too much coffee, Mom.
아빠도 맥주 너무 많이 마시지 마세요.	Don't drink too much beer, Dad.

Chapter 05 생리현상

> I want to pee, Mom.

> OK, I'll be right out!

소변 보기

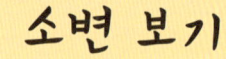 쉬야 할래?
Do you want to pee? /
Do you want to go to the bathroom?
• pee 〈유아어〉 오줌 누다, 오줌

 안 마려운데요.
I don't need to go.

오줌 마려워요.
I need to pee.

 지금?
Right now?

못 참겠어요. 쌀 것 같아요.　　I can't hold it. I need to pee really bad.

 조금만 참아봐!　　Hold it! Hold it!

변기 앉는 자리 올리고 쉬해라.　　Pee after holding the toilet seat up.
• toilet seat 변기의 앉는 부분

쉬 하고 휴지로 닦아.　　Use toilet paper after you pee.
• toilet paper 두루마리 휴지

치마 들고 눠라.　　Hold your skirt up and pee.

앉는 자리에 오줌이 묻지 않도록 해.　　Make sure the pee doesn't get on the seat.

변기 가운데 오줌 누도록 해.　　Try to pee in the center of the toilet.

물 내렸니?　　Did you flush?

소변을 너무 참으면 몸에 안 좋아.　　If you hold your pee for too long, it's not good for you.

 조금 쌌어요.　　I peed a little.

에쿠! 옷에 쌌어요.　　Oops! I peed on my clothes.

엄마, 죄송해요. 자다가 오줌 쌌어요.　　Sorry I wet the bed, Mom.
• wet the bed 자다가 오줌 싸다

거봐. 엄마가 화장실 다녀오랬잖니.　　See? I told you to go to the bathroom.

나가기 전에 화장실 다녀오렴.　　Go to the bathroom before you leave.

자기 전에 화장실 다녀오렴.　　Go to the bathroom before you go to sleep.

대변 보기

 엄마, 응가 마려워요.　　I have to poop, Mom.　• poop 〈유아어〉 똥 누다, 똥

	배 아파요. 똥 싸고 싶어요.	My tummy aches. I have to poop.
	문 닫아야지. 냄새 나잖아.	Close the door. It smells.
	다 누면 엄마 불러.	Call Mommy when you're done. • done 다한, 끝난
	똥이 고구마 같아요.	My poop looks like a sweet potato.
	우리 아가 똥은 염소똥 같네.	My baby's poop is like goat poop. • goat 염소
	엉덩이는 잘 닦았니?	Did you clean your bottom well? • bottom 엉덩이
	볼일 다 봤으면 물 내려라.	Flush when you're done.
	손 씻어라.	Wash your hands.
	엄마가 닦아주세요.	Will you wipe it, Mom? • wipe 닦다
	엄마, 똥 엄청 많이 쌌어요.	I pooped a lot, Mom.
	아이구, 냄새야!	Eeek! It stinks! • stink 냄새가 나다, 악취를 풍기다
	똥 얘기는 그만하자.	Let's stop talking about pooping.
	똥을 안 싸면 어떻게 돼요?	What happens if I don't poop? • What happens if ~하면 어떻게 될까
	매일 똥을 누지 않으면 건강에 나빠요?	Is it unhealthy if you don't poop every day? • unhealthy 건강에 좋지 않은
	그러면 똥이 여기 배꼽 아래 남아 있게 돼.	Then the poop sits here below your belly button. • belly button 배꼽
	오늘 아침에도 쌌는데, 왜 또 나오지요?	I pooped this morning. Why is it coming out again?
	음식이 소화가 잘 되었나 보다.	It looks like the food got digested well.

변비

 엄마, 똥이 안 나와요. — I can't poop, Mom.
 아래로 힘을 줘봐. — Try to push.
 배만 아프고 응가가 안 나와요. — My stomach hurts, but I can't poop.
 물을 많이 먹어야겠다. — You should drink a lot of water.

채소를 안 먹어서 그래. — The reason is that you haven't eaten any vegetables.

너 변비인 것 같다. — I think you're constipated. • constipated 변비인

화장실에서 나오고 나중에 해봐. — Come out of the bathroom and try it later.

이따가 다시 시도해봐. — Try again later.

배를 좀 문질러줄까? — Want me to rub your tummy?

너무 심하면 약을 줄게. — I'll give you some medicine if it's really bad.

 있다가 싸야겠어요. — I'll poop later.
 책 들고 화장실 들어가지 마. — Don't take your book into the bathroom.

그건 좋지 않은 화장실 습관이야. — That's not a good bathroom habit.

방귀

 아이고, 이게 무슨 냄새야? — Gosh, what's this smell?

요 녀석, 방귀 뀌었네! — You farted, dude!

• fart 방귀를 뀌다   • dude 상대를 친근하게 부르는 말

내가 방금 방귀 뀌었는데, 냄새가 지독하네. I just farted, and it stinks really bad.

 숨도 못 쉬겠어요. I can't even breathe.

 아빠 방귀는 똥냄새야. Dad's fart smells like poo.

아빠는 방귀쟁이. You're such a farty pants, Dad.

 누가 방귀 뀌었지? Who farted? / Who cut the cheese?

 난 아냐. 너야? It wasn't me. Was it you?

난 아냐. 왜 계속 날 쳐다봐? It wasn't me. Why do you keep looking at me?

와, 소리 한번 크네. Wow, you've got a loud sound. • loud 시끄러운

엄마, 방귀가 계속 나와요. I can't stop farting, Mom.

치사하게 얼굴에다 방귀 뀌면 어떡해요? It's terrible. How come you farted in my face?

 바닥에 구멍 나겠네. You're going to make a hole in the ground.

 그만 놀리세요. 이제 냄새 없어졌잖아요. Stop making fun of me. The smell's gone now. • make fun of ~을 놀리다 • be gone 사라지다, 없어지다

 창문 열어야겠어. We need to open the window.

냄새를 없애야겠다. I need to get rid of the smell.
• get rid of ~을 없애다, 제거하다

 소리 없는 방귀 냄새가 소리 큰 방귀보다 더 지독한 법이야. Quiet farts smell worse than loud ones.

짜잔! 아빠 방귀 뀔 거야! 코 막아라! Ta-da! Dad's going to fart! Hold your nose!

코딱지

 민지야, 내 코딱지 봐.   Look at my booger, Minji.   • booger 코딱지

 에구. 더러워라!   Oh my! It's gross!   • gross 역겨운, 더러운

저리 치워!   Get it off!

이 코딱지 파기 대장아!   You booger digger!   • digger 파는 사람

 코 그만 파.   Stop picking your nose.   • pick one's nose 코를 파다

코딱지 먹으면 안 돼.   Don't eat your boogers.

 이 코딱지 어떻게 해요?   What should I do with this booger?

 휴지로 닦아내렴.   Clean it off with a tissue.

아니 왜 그걸 엄마한테 주는 거야?   Why are you giving that to Mommy?

 엄마, 코딱지가 잘 안 나와요.   The booger would not come out, Mom.
    • come out 나오다

 사람들 앞에서 코 파지 마라.   Don't pick your nose in front of people.

너무 많이 파면 코피 난다.   If you pick too much, your nose can bleed.

누가 여기다 코딱지 묻혀놨니?   Who put this booger here?

딸꾹질

 엄마, 딸꾹질이 나와요!   I have the hiccups, Mom!   • hiccup 딸꾹질

 어떻게 딸꾹질을 멈추죠?   How can I stop hiccups?

 침을 삼켜보렴.   Swallow your spit.   • swallow 삼키다   • spit 침, 침 뱉기

숨을 참고 셋까지 세어봐.	Hold your breath and count to three. • breath 숨, 호흡
따뜻한 물 좀 마실래?	Will you drink some warm water?
날 놀래켜주세요. 딸꾹질이 나을지 몰라요.	Scare me. It might cure the hiccups. • scare 겁주다 • cure 고치다, 낫게 하다
까꿍! 이제 괜찮니?	Peek-a-boo! Are you okay now? • Peek-a-boo! 까꿍! (놀라게 하는 소리)
네, 이제 괜찮은 것 같아요.	Yeah, I seem fine now.
아니요. 계속 나와요.	No, I still have them.

재채기

엄마, 재채기가 나와요.	I'm sneezing, Mom. • sneeze 재채기하다
코가 간질간질해요.	My nose is ticklish. • ticklish 간지러운
꽃가루 때문인가 보다.	It's probably because of the pollen. • pollen 꽃가루
손으로 입을 막아야지.	Cover your mouth with your hand.

쏙쏙 들어오는 Tip

재채기할 때의 에티켓

영국, 미국 등에서는 재채기하는 사람을 보면 Bless you!라고 합니다. '하느님이 돌봐서 감기 걸리지 말라'는 뜻이 숨어 있어요. 재채기를 할 때 상대가 Bless you!라고 하면 Thank you.라고 인사하세요.

다른 사람들 쪽으로 재채기하면 안 돼.	Don't sneeze on other people.
조심해라! 침이 사방에 튀기잖니.	Watch out! There's spit going everywhere.
에취! 죄송합니다.	Achoo! Excuse me.

하품

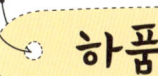 하품 나와요, 엄마.	I'm yawning, Mom. • yawn 하품하다
 피곤하니? 창문 열어줄까?	Are you tired? Want me to open the windows?
네가 하품해서 다른 사람도 하품한다.	Your yawn made others yawn, too.
네가 하품하니까 엄마도 하품 나오네.	I feel like yawning after you yawned.
하품은 전염되는 거야.	Yawning is contagious. • contagious 전염성 있는
수업시간에 하품하지 않도록 해.	Please try not to yawn during class.

트림

엄마, 민수가 트림했어요. 헤헤.	Minsu burped, Mom. Hehe. • burp 트림하다
예의 없게시리.	That's impolite. • impolite 무례한, 실례가 되는
식사 중에 트림하는 건 예의 없는 짓이야.	It's not polite to burp at the table.
그렇게 트림하지 마라. 창피하잖아.	Don't burp like that. It's embarrassing. • embarrassing 창피한
트림이 재미있어요.	Burping is fun.

손톱/발톱 깎기

 아이고! 손톱이 왜 이리 길지? — Oh my! Why are your fingernails this long?
• fingernail 손톱

너무 길구나. 손톱 다듬어야겠다. — They're too long. You should trim your nails.
• trim 다듬다

 손톱 깎아주세요. — Will you cut them?

 손톱깎이 가져오렴. — Get the nail clippers. • nail clippers 손톱깎이

움직이지 마. 상처 날 수 있어. — Don't move. You can get hurt.

이걸로 누군가를 할퀴겠구나. — You can scratch someone with this.

손톱 밑에 때가 끼어 있네. — There's dirt under your fingernails.
• dirt 때, 먼지, 흙

손톱 물어뜯지 말고. — Don't bite your fingernails.

손톱이 길면 연필 잡기 힘들어. — It's hard to grab a pencil if your fingernails are long.

손톱이 길면 깎아달라고 말하렴. — Ask me to cut your fingernails if they are long.

이제 저쪽 손 내밀렴. — Now give me the other hand.

발톱도 깎자. — Let's cut your toenails, too.

발톱이 길면 양말에 구멍 난다. — You can get a hole in your socks if your toenails are long. • toenail 발톱

제가 깎아봐도 돼요? — Can I cut them by myself? • by oneself 혼자서

엄마가 너무 짧게 깎아서 아파요. — It hurts because you cut them too short.

Chapter 06 전화·스마트폰

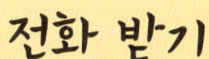

전화 받기

여보세요. 지나네 집입니다. Hello! This is Jina's residence.

(전화 하는 분이) 누구세요? Who's calling, please?

누구를 찾으세요? Who are you calling, please?

미안하지만 잘못 거셨네요. Sorry. You've got the wrong number.

엄마한테 온 전화예요. It's for you, Mom.

누군지 물어보렴.   Ask who's calling.

 잠시만 기다려주세요.   Hold on, please.

네. 바꿔드릴게요.   Okay. I'll get her.

엄마가 다시 전화하신대요.   Mom said she'll call you back.
• call back 다시 전화하다

연락처 남겨주실래요?   Will you leave your number?   • leave 남기다

전화벨이 울리네.   The bell's ringing.

전화 좀 받아줄래?   Will you pick up the phone for me? / Will you answer the phone for me?
• pick up (수화기를) 들다

엄마한테 전화기 좀 가져다줄래?   Will you get the phone to me?

전화 끊어라.   Hang up the phone. / Put down the phone.   • hang up 끊다

제가 받을게요.   I'll pick it up. / Let me answer it. / I'll get it.   • answer (전화, 초인종 소리에) 응답하다, 받다

누구한테 온 전화니?   Who is calling?

모르는 번호네.   I don't know this number.

모르는 사람이면 엄마 바꿔줘.   Put me on the phone if it's a stranger.

안녕히 계세요. 소식 들어서 좋았어요.   Goodbye. It was nice hearing from you.

죄송하지만 이만 끊어야겠어요.   Sorry. I have to put the phone down.

엄마 통화하는 거 안 보이니?   Can't you see I'm talking on the phone?

전화 걸기

 아빠한테 전화해볼까? — Want to call Dad?

 제가 전화 걸 수 있어요. — I can call myself.

 번호를 잘 보고 눌러야 해. — You need to dial carefully.
• dial (전화를) 걸다

아빠 번호 외울 수 있니? — Can you remember Dad's number?

 전화가 끊겼어요. — The phone got cut off.

통화중이에요. — The line is busy. • busy 통화중인

아무도 전화를 받지 않아요. — No one's picking up the phone.

 이따가 다시 걸어보자. — Let's call later.

 여보세요? 민수네 집이지요? — Hello. Is Minsu there?

저는 민수 친구 진호인데요. 민수랑 통화할 수 있나요? — This is Jinho, Minsu's friend. Can I talk to Minsu?

민수 좀 바꿔주세요. — Will you put Minsu on the phone?

말씀 좀 전해주실래요? — Can I leave a message for him?
• leave a message 메시지를 남기다

잘못 걸었나 봐요. 죄송합니다. — I think I called the wrong number. I'm sorry.

없는 번호래요. — It says the number is not listed.
• listed 명단에 있는, 등록된

 번호를 잘못 눌렀나 보다. — It looks like you dialed incorrectly.

엄마, 지나네 전화번호 좀 알려주세요. — Can you tell me Jina's number, Mom?

휴대전화 쓰기

 엄마 휴대전화 가지고 장난하지 마. — Don't play with Mom's cell phone.

정액요금제야. 너무 많이 쓰지 마. — There is a monthly limit. Don't use it too much. • monthly 월간의 • limit 제한

집에서는 집전화를 쓰렴. — Use the home phone at home.

학교에서는 휴대전화를 꺼놓으렴. — Turn off your cell phone at school.

배터리가 다 되었네. — The battery's out.

휴대전화를 충전시키렴. — Recharge your cell phone. • recharge 충전하다

새 휴대전화 사주세요. — Can I have a new cell phone?

어린이는 비싼 휴대전화 쓰는 거 아니란다. — Kids shouldn't use expensive cell phones.

고장 나기도 쉽고 잃어버리기 십상이거든. — It's easy to break and easy to lose.

번호를 저장해놓으렴. — Save the number. • save 저장하다

휴대전화에 물 닿으면 안 돼. — Keep your cell phone away from water. • keep away from ~에서 멀리하다, 가까이하지 않다

휴대전화 보면서 길 걸으면 안 돼. — Don't walk on the street while looking at your cell phone.

공공장소에서는 진동으로 해놓는 거야. — Leave your phone on vibrate in public places. • vibrate 진동, 진동하다 • public place 공공장소

휴대전화에 대고 너무 큰 소리로 통화하는 사람들 싫어. — I hate people talking too loudly on their cell phones.

아빠, 운전 중에 휴대전화 쓰지 마세요. — Don't use your cell phone while driving,

문자 확인하기

 문자 왔어요. — Here's a message.

누구한테 온 문자예요? — Who sent the text message to you?
• text message 문자메시지

 아빠한테 온 문자야. — The message is from Dad.

스팸이구나. — It's spam.

 삭제해야겠어요. — I need to delete it. • delete 삭제하다, 지우다

답장해야 해요. — I need to reply. • reply 답장하다

 도착하면 문자 해. — Please text me when you get there.
• text 문자메시지를 보내다

엄마한테 문자 보내. — Send Mom a text message.

공공장소에서는 문자를 쓰는 게 더 나아. — It's better to use text messages in public places.

 엄마, 글씨 틀렸어요. — Mom, you typed it wrong. • type 자판을 치다

엄마, 제가 답장 보냈어요. — I sent a reply, Mom.

문자 확인했어요, 엄마? — Did you check the text message, Mom?

 이게 대체 어느 나라 말이니? — What kind of language is this?

이모티콘이에요. — They are emoticons.

Chapter 06 | 전화·스마트폰

스마트폰 쓰기

 엄마, 나도 스마트폰 갖고 싶어요. — Mom, I want a smartphone.

 중학교에 가면 사줄게. — I'll buy you one when you're in middle school.

 내 친구들 모두 스마트폰 갖고 있어요. — All my friends have smartphones.

 네가 폰만 보고 있으니 엄마는 속상해. — I'm upset because you keep looking at your phone.

네가 좀 어른스러워지면 사줄게. — I'll buy you a phone once you're ready for one.
• be ready for ~를 할 정도로 준비가 되다

학교 수업 중엔 폰 꺼놔야 하는 거 알지? — You know to turn off your phone during class, right?

 새 어플 다운받았어요 — I just downloaded a new application.

 이 영어학습 앱 재미있어. — This English education app is fun.

 또 동영상 보니? 몇 분짜리야? — Are you watching another video? How long is it?

이거 끝나면 그만 볼게요. — I'll stop watching after this.

내가 좋아하는 아이돌한테 투표해요. — I'm voting for my favorite idol group.
• vote for ~에게 투표하다

엄마, 나도 인스타그램 만들래요. — Mom, I want to make an Instagram account.
• Instagram SNS의 하나

현우는 페북에 친구가 많아요. — Hyunwoo has a lot of Facebook friends.
• Facebook SNS의 하나

원영이 페북에 좋아요 눌러야 해요. — I have to like Wonyong's Facebook status.

 왜 그렇게 폰만 보니? — Why do you keep looking at your phone?

밥 먹을 때는 폰 보지 않았으면 좋겠어. — I wish you wouldn't look at your phone while you're eating.

나연이한테서 카톡이 왔어요. I got a Kakao message from Nayeon.

네 명이 단체 톡 하고 있어요. The four of us are in a group chat.
• group chat 여러 명이 같이 하는 메신저

 시끄러우니 단톡방 알림은 꺼라. It's loud, so turn off the notifications for the group chat.
• notification 고지, 알림

무슨 얘기 나누는데? What are you talking about?

 다음 주에 할 조별 과제 의논하는 거예요. We're talking about next week's homework assignment.

 단체 톡으로 누구 흉보는 짓 하지 마라. Don't talk behind someone's back in the group chat. • talk behind one's back 뒤에서 ~의 흉을 보다

단톡 방에서 나와라. You need to leave the group chat.

네이버로 약도 검색해보자. Let's look up directions on Naver.
• directions 지도, 약도   * Naver 검색포털의 하나

지하철 어플로 서울역까지 몇 분 걸리나 봐. Check how long it takes to get to Seoul Station on the subway app.

다음에서 강남역 맛집 검색해보자. Let's look up good places to eat at Gangnam Station on Daum.
• Daum 검색포털의 하나

 엄마, 가나의 수도가 어디예요? Mom, what is the capital of Ghana?

 구글에서 찾아보렴. Look it up on Google.
• Google 검색포털의 하나

이리 와 사진 찍자. Come here! Let's take some pictures.

 자, 카메라 보고 웃어요! Okay, smile for the camera!

하나, 둘, 셋, 치~즈! One, two, three, cheese!

여기 보고, "김치~" 해. | Look at the camera and say "Kimchi"!

엄마랑 셀카 찍자. | Why don't you take a selfie with me.
• selfie 셀카

엄마 지금 동영상 찍어. | I'm taking a video now.

내가 찍어 드릴게요, 엄마. | I'll take a picture of you, mom.

아빠랑 영상통화하자. | Let's video chat with dad.
• video chat 영상통화

할머니가 영상통화 하자셔. 안녕~ 해봐. | Grandma wants to video chat with you. Say hi!

Chapter 07 요리

Let's make Sujebee for dinner.

Let me mix the dough.

씻기

오이를 씻자.

채소를 잘 씻어야 해.

상추는 한 장 한 장 씻어라.

농약이 묻어 있을 수 있어.

Let's wash the cucumbers.

You need to clean the vegetables well.

Clean the lettuce leaves one by one.
• lettuce leaf 상추 잎

There can be pesticides on it.
• pesticide 살충제, 농약

세제를 사용해볼까?	Want to use some detergent? • detergent 세제
세제가 남아 있으면 안 돼.	There shouldn't be any detergent on it.
여러 번 씻으렴.	Wash it several times.
이건 흐르는 물에 씻는 것이 좋아.	It's better to clean it in flowing water.
물에 담갔다가 나중에 씻도록 하렴.	Soak them in water and clean them later. • soak (물 등에) 담그다
살살 문지르렴.	Scrub it gently. • scrub 문질러 씻다
너무 세게 문지르면 영양소가 씻겨 없어져.	The nutrients will get washed away if you scrub it too hard. • nutrient 영양분
채소는 찬물로 씻어야 싱싱해.	Vegetables stay fresh when you wash them with cold water.
이 삶은 채소를 찬물로 헹구자.	Let's rinse these cooked vegetables with cold water. • rinse 헹구다
채소는 자르기 전에 씻어야 해.	You need to wash vegetables before you cut them.
조리 전에 생선을 씻어야 해.	You need to wash fish before you cook it.

자르기/썰기

이걸 깍둑썰기해야 돼.	I need to dice this. • dice 깍둑썰기하다
고기를 자르자.	Let's chop the meat. • chop (토막으로) 썰다
햄을 얇게 썰어줄게.	Let me slice the ham for you. • slice 얇게 썰다
이 당근을 채썰자.	Let's shred this carrot. • shred 채썰다

1cm 크기로 네모나게 자르자.	Let's cut it into cubes 1cm long. • cube 정육면체
좀 더 작게/크게 썰자.	Let's cut it a little smaller/bigger.
마늘을 다지자.	Let's mince the garlic. • mince 다지다
감자 껍질을 까자.	Let's peel the potatoes. • peel 껍질을 벗기다
먹기 좋게 자르자.	Let's cut it into the right size.
그래야 한 입에 쏙 들어가니까.	So it will go into your mouth easily.
가위로 자르는 게 좋겠다.	You'd better cut it with scissors.
엄마, 칼 조심하세요.	Be careful with the knife, Mom.
조심하세요! 손 다치겠어요.	Watch out! You might hurt your hand.
엄마, 제가 잘라봐도 돼요?	Can I cut it, Mom?
빵칼로 빵을 잘라볼래?	Want to cut the bread with a bread knife?
너무 두껍게 자르면 잘 안 익어.	It won't cook well if you cut it too thick. • thick 두꺼운
포크로 누르면서 자르렴.	Cut it by pressing with a fork.
같은 크기로 잘라라.	Cut it into equal pieces. • equal 같은, 동일한
칼이 무뎌져서 갈아야겠다.	The knife gets dull and has to be sharpened. • dull 무딘, 둔한 • sharpen 날카롭게 하다

자르기 표현들

- 자르다 **cut**
- 깍둑썰기하다 **dice**
- 껍질을 벗기다 **peel**
- 다지다 **mince**
- 덩어리로 썰다 **chop**
- 얇게 저미다 **slice**
- 채썰다 **shred**

가열하기

 물을 끓이자.   Let's boil some water.

국을 데우자.   Let's heat up the soup.   • heat up ~을 데우다

 뚜껑이 들썩거려요.   The lid is shaking.

연기가 나요.   There's steam coming up.   • steam 연기, 증기

 뜨거우니까 보기만 해라.   Just look at it since it's hot.

조금 더 끓여야 해.   We need to boil it a little more.   • boil 끓이다

순서대로 재료를 넣어.   Add the ingredients in order.   • ingredient 재료

익을 때까지 기다리자.   Let's wait till it gets cooked.

기름이 튀니까 멀리 물러나렴.   Stay away since the oil splatters.   • splatter 튀다

 엄마, 타는 냄새가 나요.   I smell something burned, Mom.

 불이 너무 센가?   Is the heat too hot?

불을 약하게 줄이고 익히렴.   Reduce the heat to low and cook.   • to low 낮게

센 불에서 빨리 익혀라.   Use high heat and cook for a short period of time.   • for a short period of time 짧은 시간 동안

바닥에 눌어붙지 않게 잘 저어주렴.   Stir well so that it does not get stuck to the bottom.   • stir 젓다   • get stuck 붙다   • bottom 바닥

손잡이가 뜨거우니 장갑을 끼렴.   Put gloves on because the grip is hot.   • grip 손잡이

뚜껑을 열면 뜨거운 김이 나오니까 조심해.   Be careful since hot steam will come out if you open the top.

바르기

토스트 어떻게 해줄까? / 토스트에 뭐 바를래?	How do you like your toast? / What do you spread on your toast? • spread 펴다
잼 바를래, 버터 바를래?	Do you want jam or butter?
빵에 잼 발라 먹을래요.	I want some jam for my bread.
고르게 펴 발라야 해.	Spread it evenly.　• evenly 고르게
각각 다른 숟가락을 사용해라.	Use different spoons for each one.
제가 바를래요.	Let me spread it myself.
제가 해볼래요.	Let me try.
엄마, 자꾸 삐져 나와요.	It keeps coming out, Mom.
엄마, 자꾸 뚝뚝 떨어져요.	It keeps dripping, Mom. • drip 줄줄 흐르다, 뚝뚝 떨어지다
너무 많아. 적당히 써야지.	That's too much. Use the right amount. • amount 양
뚜껑은 꼭 닫아야 한다.	Be sure to close the top.
이 정도면 적당해요?	Is this about right?
덜어내다가 떨어뜨렸어요.	I dropped it while getting it out.

접시에 담기

접시 좀 갖다줄래?	Will you get a plate for me?

좀 더 큰 접시가 필요해.	We need a bigger plate.
우묵한 그릇이 있어야겠네.	We need a hollow plate. • hollow 움푹 꺼진
국그릇 좀 가져올래?	Can you bring me the soup bowls?
	• bowl 우묵한 그릇, 사발
너무 많이 담으면 안 돼.	Don't put too much in the bowl.
가운데에 모아지게 담자.	Let's put it in the middle.
조금 더 담을래?	Will you put some more on the plate?
엄마, 제 그릇에 담아주세요.	Put it in my own bowl, Mom.
저는 많이 담아주세요.	Put a lot on my plate, please.
접시 가장자리를 닦자꾸나.	Let's clean the rim of the plate. • rim 가장자리
조금 덜어내자.	Let's take out a little bit.
접시가 몇 개 더 필요해요?	How many more plates do we need?
이 접시들을 식탁에 갖다놔.	Place these plates on the table. • place 놓다, 두다
그 접시는 잘 깨지니까 조심해.	Watch out because the plate can break easily..

미국의 추수감사절 풍습

추수감사절 Thanksgiving

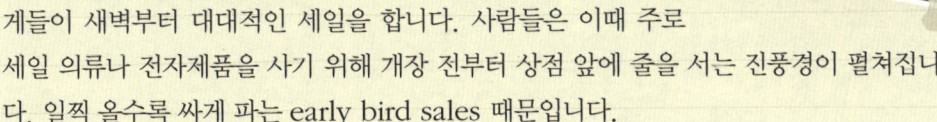

추수감사절은 매년 11월 4번째 목요일입니다. 일 년 동안의 모든 수확에 감사하는 마음을 갖는 날로 가족끼리 모여서 풍성한 만찬을 즐깁니다. 구운 칠면조와 으깬 감자, 스터핑, 크랜베리 소스, 그레이비 소스, 호박파이가 전통 요리입니다. 추수감사절의 바로 다음날은 일명 Black Friday라고 해서 모든 가게들이 새벽부터 대대적인 세일을 합니다. 사람들은 이때 주로 세일 의류나 전자제품을 사기 위해 개장 전부터 상점 앞에 줄을 서는 진풍경이 펼쳐집니다. 일찍 올수록 싸게 파는 early bird sales 때문입니다.

★ 흔히 쓰는 회화문

- 추수감사절은 추수하고 하느님께 그것에 대해 감사하는 때란다.
  Thanksgiving is when we harvest crops and give thanks to God for it.

- 미국에서는 아주 중요한 명절이야.
  It is such an important holiday in the US.

- 어떤 음식을 먹나요?
  What kind of food do they eat?

- 구운 칠면조, 으깬 감자, 그레이비 소스, 호박파이를 먹는단다.
  Roasted turkey, mashed potatoes, gravy, and pumpkin pie.

- 우리 추석 때처럼 그 사람들도 조부모님 댁에 가나요?
  Do they visit their gandparents like we do on Chuseok?

- 추수감사절에는 가족들끼리 모여 저녁 만찬을 한단다.
  On Thanksgiving, all the family members gather and eat dinner together.

Part 2

연령별 생활영어 회화:
태어나서 초등까지

Chapter 08 아기가 태어날 거예요
Chapter 09 반가워 아가야 (0~12개월)
Chapter 10 무럭무럭 자라렴 (13~36개월)
Chapter 11 동생이 생겼어요
Chapter 12 유치원에 가요
Chapter 13 초등학생이 되었어요
Chapter 14 친구가 생겼어요
Chapter 15 학교 공부
Chapter 16 학교 행사

Chapter 08 아기가 태어날 거예요

아기가 태어날 거란다

너한테 아주 기쁜 소식이 있단다.	I have some really good news for you.
엄마가 아기를 가졌단다!	Mom is having a baby!
엄마 여기에 아기가 있어.	Mommy has a baby here.
곧 너한테 남동생이나 여동생이 생길거야	You will have a baby brother or sister soon.
네가 누나나 언니가 되는 거야.	You're going to be a big sister.
아기가 너랑 꼭 닮을 거야.	The baby will look exactly like you.

• look like ~와 닮다   • exactly 정확히

와, 이제 제가 누나나 언니가 되는 거예요? — Wow, am I going to be a big sister now?

나도 이제 남동생이 생긴다! — Now I have a baby brother!

나도 이제 여동생이 생긴다! — Now I have a baby sister!

동생 있는 친구들이 늘 부러웠어요. — I have always envied my friends who have younger brothers/sisters. • envy 부러워하다

 동생이랑 잘 놀아줄 거야? — Are you going to play well with your baby brother or sister?

애기한테 잘해줄 거예요. — I will be nice to the baby.

동생이랑 내 장난감 같이 갖고 놀 거예요. — I will share my toys with my brother or sister.

 할머니께 전화해서 좋은 소식을 알려드리자! — Let's call Grandma and tell her the good news!

여동생일까 남동생일까

 아가 이름이 뭐예요? — What's the baby's name?

 아직 안 정했어. 지금은 그냥 '사랑이'라고 부르자. — We haven't decided yet. Let's just call it Sarangyi for now. • decide 결정하다

아기의 태명은 '사랑이'야. — The baby's pre-birth name is Sarangyi. • pre-birth name 태명 (= fetal name)

여동생이면 좋겠니, 남동생이면 좋겠니? — Do you want a baby sister or brother?

 예쁜 여동생이면 좋겠어요. — I want a pretty baby sister.

 남동생 이름을 뭐라고 하고 싶니? — What do you like for your baby brother's name?

은수가 좋은 이름일 것 같아요.　　I think Eunsu will be a good name.

은수라고 부르고 싶어요.　　I want to call him Eunsu.

새로 태어날 아기만 예뻐하시면 Make sure you don't only love the new baby.
안 돼요. 아셨죠?　　　　　　　Okay?

 너희 둘 다 우리 자식인걸. 그러니　Both of you are our children, so I will love
엄마는 너희 둘 모두 똑같이 사랑할 거야.　both of you equally.　• both of ~ 둘 다

그럼! 엄마는 서진이를 제일 사랑하지.　Of course! Mom loves Seojin the most.
아기는 그 다음이고.　　　　　　　The baby is the next.

 엄마 뱃속에 아기가 들어 있는 거예요?　Is there a baby inside Mommy's tummy?

 아기가 엄마 뱃속에서 앞으로 10달 동안　The baby will be growing in my tummy for
자라게 될 거란다.　　　　　　　the next ten months.
　　　　　　　　　　　　　　　⇨ 서양에서는 임신기간을 9개월로 말합니다.

그래서 지금부터 네 도움이 필요해.　So I need help from you from now on.
　　　　　　　　　　　　　　　• from now on 지금부터

 걱정 마세요, 엄마. 힘든 일은 전부 제가　Don't worry, Mom. I will help you out with
도와드릴게요.　　　　　　　　　all the hard work.

 ## 예정일 말하기

 오늘은 엄마가 정기검진 가는 날이야.　I have to see my doctor for a regular
　　　　　　　　　　　　　　　checkup today.　• regular checkup 정기검진

 아기는 언제 태어나요?　　　　When is the baby due?　• due 예정된

예정일까지 며칠 남았어요?　　How many days are left till the due date?
　　　　　　　　　　　　　　　• due date 예정일, 만기일

왜 아기가 아직 안 나와요?　　Why isn't the baby coming out yet?

 글쎄, 아직 멀었단다.　　　　　Well, it's still far away.　• far away 먼, 멀리 떨어진

한참 기다려야 해.	You have to wait a long time.
세상 구경할 준비가 안 되었나 봐.	It seems like he's/she's not ready to see the world.
한 달 뒤면 아이가 태어난단다.	The baby will be born in a month.
	• be born 태어나다
출산 예정일까지 보름 남았어.	Fifteen days are left till the baby's due date.
일주일 가량 있으면 아기가 나올 거야.	In a week or so, the baby will come out.
아기 나올 때가 거의 다 됐어.	It's almost time for the baby to come.
며칠만 있으면 동생이랑 만나게 될 거야.	In a few days, you will meet your baby brother.
내일이 출산 예정일이야.	Tomorrow is the due date for the baby.
글쎄다. 예정일이 지났는데 아기가 아직 안 나오네.	Well, the due date has passed, but the baby is still not coming out.
아가가 나오면 엄마는 산후조리원에 있을 거야.	Right after our new baby comes, I will stay at a maternity care center. • maternity 출산

 동생 빨리 보고 싶어요.   I can't wait to see my baby brother.

뱃속 아기에게 말 걸기

안녕, 아가야. 엄마란다.	Hi, baby. This is your Mommy.
우리 아기, 엄마 목소리 들리니?	Sweetie, do you hear Mommy's voice?
엄마 아빠는 널 가져서 너무나 기뻐.	Mommy and Daddy are so happy to have you.
엄만 네 생각만 하면 정말 행복하단다.	Whenever I think of you, I feel so happy.
넌 엄마 아빠의 선물이고 기쁨이야.	You are Mommy and Daddy's gift and joy.

엄마 아빠는 네가 빨리 보고 싶단다.	Mommy and Daddy can't wait to see you.
너도 엄마 아빠가 얼른 보고 싶지?	You can't also wait to see Mommy and Daddy? • can't wait to ~하는 것을 몹시 기다리다
엄마가 노래 불러줄게.	Mommy is going to sing you a song.
엄마가 가장 좋아하는 노래란다. 들어봐.	This is Mommy's favorite song. Listen to it.
엄마가 동화책 읽어줄게.	Mommy will read you a story.
엄마가 이야기 들려줄게.	Mommy will tell you a story.
아, 우리 아기, 지금 발차기하는구나! 와, 힘센 것 좀 봐!	Oh, Sweetie, you're kicking now! Wow, look at how strong you are!
엄마는 널 위해 맛있는 딸기를 먹고 있단다. 맛있지 않니?	Mommy is eating the delicious strawberries for you. Aren't they delicious?
엄마는 지금 아름다운 음악을 듣고 있단다. 들리니?	Mommy is listening to some beautiful songs now. Can you hear them?
사랑하는 동생아, 나도 네가 무척 보고 싶어.	My dear baby brother, I can't wait to see you, too.
우리 만나면 함께 축구도 하고 게임도 하자.	When we meet, let's play soccer and some games together.
내가 잘 돌봐줄게. 약속해.	I will take good care of you. I promise. • take good care of ~을 잘 돌보다
너 태어나면 내가 매일 놀아줄게.	When you come out, I will play with you every day.
엄마 힘들게 하지 마. 알겠지?	Don't give Mommy a hard time. Okay?
엄마한테 착하게 굴어, 동생아!	Be nice to Mommy, dear brother!
너 만나기를 엄청 고대하고 있어!	I look forward to seeing you very much! • look forward to -ing ~하기를 고대하다

아기의 탄생

| 엄마가 오늘 아가를 낳을 거야. | I'm going to have our baby today. / I'm going to give birth today. |

안녕, 우리 아기. 난 네 엄마야.　Hi, my baby. I'm your mommy.

세상 구경하러 오기 힘들었니?　Did you have a hard time coming to see the world?　• have a hard time -ing ~하느라 힘들다

정말정말 수고했어.　You really, really did a good job.

엄마는 네가 무척 자랑스럽구나, 애야.　Mommy is very proud of you, Sweetie.

넌 엄마가 상상했던 것보다 훨씬 예쁘게 생겼구나.　You look so much prettier than Mommy imagined.　• imagine 상상하다

우리가 널 얼마나 보고 싶어 했는지 모를 거야.　You have no idea how much we were waiting to see you.

네가 건강해서 엄마 아빠는 너무나 기뻐.　Mommy and Daddy are so happy that you are a healthy baby.

동생이 엄마랑 산후조리원에 있어.　Your baby sister/brother is at a maternity care center with Mom.

엄마 보러 산후조리원 가자.　Let's go to see Mom at the maternity care center.

동생아, 정말 네가 보고 싶었어.　I really wanted to see you, my baby brother.

내가 누나/언니야.　I'm your big sister.

쌍둥이

애기들은 일란성 쌍둥이야.　The babies are identical twins.　• identical 똑같은

애기들은 이란성 쌍둥이야.	The babies are fraternal twins. / The twins look different from each other. • fraternal 이란성의, 형제간의
애들 눈, 코, 입이 모두 똑같이 생겼어요.	Their eyes, noses, and lips all look the same.
둘 다 너무 예뻐요!	Both of them are so adorable! • adorable 사랑스러운
누가 누군지 구분이 안 가요.	I can't tell who's who.　• tell 구별하다
누가 동생인 것 같니?	Who do you think the younger one is?
먼저 태어난 아기가 형/언니란다.	The baby who was born first is the older brother/sister.
뭐든 둘씩 필요하겠어.	We will need two of everything.
쌍둥이 돌보느라 엄마가 배로 힘들 것 같구나.	Mommy will have twice as hard a time taking care of the twins.
지나가 엄마를 도와주면 정말 고맙겠어.	It will be really nice if Jina can help Mommy.
제 친구 중에도 쌍둥이가 있어요.	One of my friends is a twin, too.
우리 쌍둥이의 탄생을 축하하자!	Let's celebrate the birth of the twins!
이제 우리는 한 가족이란다.	We are now one family.

산후조리원

산후조리원은 병원 내 시설이 아니라는 점에서 우리만의 독특한 산모·영아 보호 민간시설입니다. 산후 돌봄 서비스란 뜻의 after-birth care services, 장소를 말하려면 a maternity care center로 하면 설명됩니다.

Chapter 09 반가워 아가야 (0~12개월)

> Mom, Baby is crying.

> Okay, okay. Mommy will feed you very soon.

우유 먹이기

우유 먹을 시간이다.	It's time for some milk.
배고프니? 아가야, 우유 먹을래?	Are you hungry? Do you want some milk, Sweetie?
알았어 알았어. 엄마가 얼른 먹여줄게.	Okay, okay. Mommy will feed you very soon. •feed 먹이다, 먹을 것을 주다
엄마 분유 타올게. 조금만 기다려. 알겠지?	Mommy will mix a bottle. Just wait for a second. Okay? •bottle 젖병

엄마가 금방 젖 줄게.	Mommy will nurse you soon. • nurse 젖을 먹이다, 보살피다
엄마젖이 분유보다 좋은 모양이네.	It looks like you prefer the breast to the bottle. • breast 유방
배고팠어? 우유 먹고 쑥쑥 크렴.	Were you hungry? Drink the milk and grow well.
아, 아파. 엄마 깨물지 마!	Oh, that hurts. Don't bite Mommy! • bite 물다
엄마젖 빨기가 너무 힘들어?	Is it too hard to suck Mom's breast? • suck 빨다
좋아. 조금만 쉬자.	Okay. We'll take a break for a second.
이것 봐라! 잘도 먹네!	Look at you! You are eating very well!
조금만 더 먹자.	Why don't you have a little bit more?
아, 그만 먹을래? 이제 배불러?	Oh, you want to stop? Are you full now?
젖이 너무 많이 나와? 기침하네!	Is too much milk coming out? You are coughing! • cough 기침하다
젖이 잘 안 나와? 미안. 엄마 젖이 충분치가 않네.	The milk won't come out well? Sorry. My breast milk is not enough.
엄마가 아기 젖먹이는 거 보렴.	See how Mommy nurses our baby.
몇 년 전에는 너도 꼭 이랬어.	You were just like this years ago.
알았어, 아가야, 이제 트림해야지.	Okay, baby, now you need to burp.
엄마가 트림시켜줄게.	Let me help you burp.
엄마가 살살 등 두드려줄게.	Mommy will gently pat your back. • pat 쓰다듬다, 토닥거리다
와, 했네!	Wow, you did it!
아이구, 토했네!	Gosh, you threw up! • throw up 토하다

기저귀 갈기

에구! 기저귀가 젖었네.	Oops! Your diaper is wet. • diaper 기저귀
기저귀에 오줌 쌌니?	Did you wet your diaper?
그래, 우리 아기, 기저귀 갈 시간이란다.	Okay, baby, it's time to change your diaper.
어디 보자. 음… 젖었나?	Let's see. Hmm… Is it wet?
아, 기저귀 아직 괜찮네.	Oh, the diaper is still okay.
와, 응가 많이도 쌌네.	Wow, you pooed a lot. • poo 〈유아어〉 응가하다, 응가 (= poop)
어, 응가도 했네. 냄새야!	Oh, you even made some poo-poo. It stinks! • stink (고약한) 냄새가 나다
응가가 설사네. 배가 아팠니?	Your poop looks too watery. Was your tummy sick? • watery 묽은, 물기가 많은
엄마가 너 쉬/응가한 줄도 몰랐네.	Mommy didn't know you peed/pooed.
윽! 더러운 기저귀 빼줄게.	Eeek! Let me take off the dirty diaper.
그래, 가만히 있어.	Okay, stay still. • still 가만히 있는
물티슈로 엉덩이 닦자. 쓱싹쓱싹!	Let's clean your hips with baby wipes. Wishy-washy! • baby wipes 아기용 물티슈 (일반 물티슈는 wet tissue)
분도 발라야지.	We also have to put some powder on.
자, 이제 기분이 어때, 우리 아기? 뽀송뽀송 상쾌하지?	So, how do you feel now, Sweetie? Feel dry and fresh?
자, 이제 예쁜 엉덩이 들어보세요.	Okay, now put your pretty hips upward. • upward 위로
아가야, 엄마가 다리 주물러줄까?	You want Mommy to massage your legs, Honey?

쭉쭉~ 엄마가 마사지해줄게.	Stretch~ stretch! Mommy will give you a massage.
좋아, 이제 무릎을 굽히고. 다음엔 펴는 거야!	Okay, now bend your knees. Then, stretch them up!
이제 예쁜 다리 하늘 위로 쭈욱 올리자!	Now let's put your pretty legs up toward the sky!
자, 이제 새 기저귀 차자.	Now, let's put on a new diaper. • put on 입다, 착용하다
야호! 기저귀 다 갈았다. 기분 좋아?	Yay! Your diaper has been changed. Feel great?

목욕 시키기

우리 아기, 목욕할 시간이에요.	Hey, Sweetie, it's time for a bath.
자, 옷을 벗고, 기저귀도 벗자.	Now, let's get rid of your clothes and your diaper, too. • get rid of ~을 제거하다
욕조에 들어가자.	Let's get into the tub.
물이 따뜻하고 좋지? 아님 그냥 미지근해?	Doesn't the water feel nice and warm? Or is it not warm enough?
오리 인형 가지고 놀자. 꽥꽥!	Let's play with the toy duck. Quack, quack!
발로 물장구쳐봐. 첨벙첨벙!	Why don't you paddle your feet? Splash! Splash! • paddle 첨벙거리다, 물장난하다
머리부터 감자.	Let's wash your hair first.
엄마가 샴푸로 거품을 내줄게.	Mommy will make some bubbles with the shampoo. • bubble 거품

깨끗한 물로 씻자.	Let's wash it with some clean water.
이 미끈미끈한 것은 비누라고 한단다.	This slippery thing is called soap.
자, 얼굴도 씻고, 몸도 문지르자.	Now, let's wash your face and rub your body. • rub 문지르다, 비비다
눈 따가워?	Do your eyes hurt?
엄마가 빨리 헹궈줄게.	Mommy will rinse it off quickly. • rinse 헹구다
좋아, 이제 비눗기를 다 씻어내자.	Okay, now let's wash off all the soap.
다 됐어. 타월로 닦아줄게.	It's all done. Let me dry you off with a towel.
목욕하고 나니 훨씬 더 예뻐졌네/ 인물이 훤하네.	You are even prettier/more handsome after a bath. • even (비교급 표현 앞에서) 훨씬
우리 아기, 개운하지?	Do you feel clean, baby?
목욕하고 나니 기분이 어때?	Now that we have taken a bath, how do you feel?

안아주기, 업어주기

엄마가 안아줄까?	Do you want me to hold you?
엄마가 업어줄까?	Do you want me to give you a piggy-back ride? • piggy-back ride 어부바, 등에 업음
이리 와, 우리 아기. 어부바해줄게.	Come here, Sweetie. Let me give you a piggy-back ride.
엄마가 포대기 가져올게.	Mommy will bring the baby strap. • strap 끈
엄마가 아기띠로 안아줄게.	Mommy will hold you with the baby carrier. • baby carrier 아기띠, 포대기

| 어때? 편하니? | How is it? Are you comfortable? |
| | • comfortable 편안한 |

| 어디 불편한 데 없어? | Is there anything that's bothering you? |

| 그냥 엄마한테 기대. | Just lean on Mommy.   • lean on ~에 기대다 |

| 우리 아기, 어부바가 좋아? | Sweetie, do you like riding on Mommy's back? |

| 엄마 등에서 코 자는 게 어때? | Why don't you sleep on Mommy's back? |

| 엄마 심장소리 들려? | Can you hear Mommy's heartbeat? |
| | • heartbeat 심장박동 |

| 이제 그만 내릴까? | Do you want to come down now? |

| 내리자. 엄마 팔이 아파요. | Why don't you get down? Mommy's arms hurt. |

| 조금 더 업혀 있을래? | Want to stay on Mommy's back for a little longer? |

| 알았어, 이제 내려줄게. | Okay, let me put you down now. |

쏙쏙 들어오는 Tip

아기용품 이름

- **baby carrier** 우리가 흔히 쓰는, 몸 앞이나 뒤로 아이를 고정시키는 '아기띠'
- **baby sling** 서양식 포대기로, 우리는 흔히 '슬링'이라고 함
- **baby car seat** 카시트로도 쓰이며, 앞에 손잡이가 있어서 아기를 앉혀 들고 다닐 수 있음
- **crib** 아기 침대
- **baby stroller** 유모차
- **baby swing seat** 아기용 흔들의자

재우기

낮잠 잘 시간이에요.	It's time for a nap. • nap 낮잠
왜 울어? 잠와?	Why are you crying? Are you sleepy?
보채기 시작하네.	You are starting to whine. • whine 낑낑거리다, 우는 소리하다
졸리니? 잠잘 때가 된 것 같네.	Are you tired? I think it's time to sleep.
이리 와. 엄마가 재워줄게.	Come here. Mommy will put you to sleep. • put A to sleep A를 잠들게 하다
엄마 옆에 누워서 같이 잘래?	Do you want to lie beside Mom and sleep together?
엄마한테 업혀서 자볼래?	Want to ride piggy-back while you try to sleep?
유모차 타고 자볼까?	Do you want to ride in the stroller as you try to sleep? • stroller 유모차
한숨 코 자거라, 아가야.	Sleep tight for a while, Sweetie.
엄마가 자장가 불러줄까?	Do you want me to sing you a lullaby?
엄마 자장가 들으며 꿈나라로 가는 거야.	Go to dreamland as you listen to Mommy's lullaby.
착한 아이는 절대 잠투정 안 해요.	A good girl/boy never gets peevish before sleeping. • peevish 짜증을 잘 내는
오늘 밤 짜증이 심하구나.	You're so cranky tonight. • cranky 짜증내는, 까다로운
여기 공갈젖꼭지야.	Here's your pacifier. • pacifier 고무젖꼭지
코 자야 쑥쑥 크지.	You have to sleep so that you can grow.

우리 아기, 이제 눈 감고 코~ 자렴.	Sweetie, close your eyes now and sleep tight.
많이 자야 많이 큰단다.	The more you sleep, the more you grow. • the 비교급, the 비교급 ~할수록 더 ~하다
엄마랑 꿈속에서 만나자, 아가야.	You can meet Mommy in your dreams, Sweetie.
와, 자는 모습이 천사 같네.	Wow, you sleep like an angel.

옹알이

야, 우리 아가가 옹알이를 시작했네!	Hey, you started babbling! • babbling 옹알거림
하루 종일 옹알이하네.	You've been cooing all day long. • coo 옹알이하다, 구구 소리를 내다
옹알이를 계속하네. 기분이 좋아?	You keep gurgling. Are you feeling good? • gurgle 옹알이하다, 까르륵거리다
그렇지, 그렇지.	Right. That's right.
아, 우리 아기, 말하고 싶어요?	Oh, sweet baby, do you want to talk?
이제 곧 말할 수 있겠네.	You will be able to talk soon.
엄마 보면서 계속 말하세요.	Look at Mommy and keep talking.
뭐라고 하는 거니?/무슨 뜻이야?	What are you saying? / What do you mean?
우리 애기 수다쟁이네.	Here we have a chatty baby. • chatty 수다스러운
에구, 옹알이 이제 그만하세요.	Oh my, stop cooing now.
아가야, 그만 옹알거리고 맘마 먹으렴.	Stop cooing and eat, Sweetie.
야! 기분이 좋은 모양이군요.	Yay! It seems like you're feeling great.

팔도 흔들고 발도 차고. 그렇게 기분 좋아?	Arms waving. Legs kicking. Are you that happy?
아주 신났군요. 보는 엄마도 신나네요.	You look so excited. I'm excited to see you.

우는 아기 달래기

왜 자꾸 우니? 어디가 불편해?	Why do you keep on crying? What's bothering you? • keep on -ing 계속 ~하다
뭐가 문제니, 아가야?	What's wrong, Honey?
무슨 일일까?	I wonder what's going on.
오냐 오냐, 아가야. 엄마 여기 있어.	Okay, okay, Sweetie. Mommy's here.
뚝! 그만 좀 울어, 얘야.	Stop! Stop crying, Sweetie.
기저귀가 젖었니?	Is your diaper wet?
아프니? 열 있는지 보자.	Are you sick? Let me check if you have a fever. • check if ~인지 확인하다
졸려? 낮잠 한숨 잘까?	Are you sleepy? Do you want to take a nap?
배고파? 그래서 우는 거야?	Are you hungry? Is that why you are crying?
젖 줄까?	Do you want some milk?
엄마가 우유 타줄까?	Do you want me to give you a bottle?
아가, 그만 징징거려.	Please stop whining, baby. • whine 징징거리다
많이 보채는 녀석이로구먼.	You're such a demanding baby. • demanding 요구가 많은, 쉽게 만족하지 않은
계속 울면 호랑이가 와서 잡아간대요!	If you keep on crying, a scary monster will come and get you! • scary 무서운 • monster 괴물

뒤집기

똑바로 누워 있기 싫어?	You don't want to lie on your back? • lie on one's back 반듯이 눕다
뒤집고 싶어?	Do you want to roll over? • roll over 구르다, 뒤집다
뒤집어서 돌아다니려고?	Are you going to turn over and move around? • turn over 뒤집다
이것 봐라! 뒤집으려고 하네!	Look at you! You are trying to turn yourself over!
좋아, 거의 다 됐어. 조금만 더 해봐.	Okay, you are almost there. Try a little bit harder.
우와, 우리 아기 드디어 뒤집었네!	Wow, you finally turned over by yourself!
우와, 우리 아기 해냈네!	Wow, you made it, baby! • make it 성공하다, 해내다
많이 힘들었지, 꼬마야?	It was pretty tough, wasn't it, Sweetie? • pretty 꽤, 아주
아, 안 돼! 기저귀 갈 때는 뒤집지 좀 마.	Oh, no! Don't turn over while I am changing your diaper.

앉기

앉고 싶어?	Do you want to sit up? • sit up 똑바로 앉다 (누워 있다 앉는 동작을 말함. 서 있다 앉는 것은 sit down)
아, 넘어질라. 조심해!	Oh, you might fall down. Be careful!
자, 허리 세우고 힘을 줘.	Now straighten your back and hold it strongly. • straighten (자세를) 바로 하다

앉는다… 앉는다… 앉는다…	You are sitting, sitting... sitting...
아, 거의 다 됐는데!	Ah, you were almost there!
와, 드디어 앉았어!	Wow, finally, you sat up!
이제 힘들어? 다시 누울까?	Are you tired now? Do you want to lie down again?
보행기에 앉을래?	Will you sit in the baby walker? • baby walker 보행기

배밀이/기기

엎드려 있자.	It's time for tummy time.
세상에! 우리 아가가 배밀이하네.	Oh my! You can push yourself up on your tummy.
이제 기는 거 배웠네!	Now you have learned how to crawl! • crawl 기다
기고 싶어?	Do you want to crawl?

Tummy Time

tummy time이란 깨어 있는 아이를 엎드려 있게 하는 시간입니다. 이렇게 하면 장난감을 바닥에 놓고 가지고 노는 게 가능해지지요. 목을 드는 연습도 되고, 뒤집기나 기기 시작하는 첫걸음이기 때문에, It's your tummy time. 하면서 아이를 잠깐씩 엎드리게 한 채로 놔둔답니다.

앞으로/뒤로 기어가고 싶어?	Want to crawl to the front/back?
조금만 더 힘내봐. 그렇지!	Put a little more effort into it. There you go! • effort 노력, 힘
무릎으로 기는구나.	You are using your knees to crawl.
무릎을 세워 기는구나.	You are crawling with your knees up.
엄마한테 기어서 와봐.	Crawl over to Mommy.
그래, 좀 더 힘내봐. 엄마한테 오렴.	Okay, put more effort into it. Come to Mommy. • effort 노력, 힘
엉금엉금 잘도 기네.	You are crawling so well.
온 집안을 기어다니네.	You're crawling all over the house.
아유! 기어다니면서 아무거나 다 만지네.	Oh no! This crawling baby touches everything.

이 날 때

입 안 좀 보자.	Let me look in your mouth.
잇몸이 간질간질하지?	Don't your gums feel itchy? / Your gums must be itching. • gum 잇몸 • itchy 가려운
여기 치아발육기 있어.	Here's your teether. • teether (이가 날 무렵) 깨물고 노는 장난감
젖니가 나오려나 봐.	It seems like your baby teeth will come out. • baby teeth 젖니
축하해! 첫 이가 곧 나겠어.	Congratulations! You're about to get your first teeth. • be about to 막 ~하려고 하다

드디어 우리 아기 젖니가 나와요!	Finally, your baby teeth are coming out!
아가야, 이제 이가 났구나!	Hey, baby, you have teeth now!
아래쪽 앞니 두 개가 보인다.	I see two front teeth on the bottom. • bottom 바닥, 아래
얼마 안 있으면 위쪽 앞니 두 개가 나겠어.	I think you will have two front upper teeth soon.
우리 아기, 엄마가 이 닦아줄게.	Mommy will brush your teeth, Sweetie.
엄마가 잇몸 마사지해줄게.	Mommy will massage your gums.
에구! 우리 애기 침을 너무 흘리네.	Oh my! You drool too much, Honey. • drool 침을 흘리다
침을 그렇게 흘리더니 발진이 생겼어.	You've gotten a rash from all that drooling. • rash 발진

잡고 서기

일어서기 해보자.	Let's try standing up.
우리 아기, 이제 설 수 있겠니?	Do you think you can stand up now, baby?
엄마 손 잡아.	Hold on to Mommy's hands. • hold on to ~에 매달리다, ~을 꽉 잡다
자, 이제 일어선다.	Okay, now we're standing up.
포기하지 마. 거의 다 됐어!	Don't give up. You are almost there! • give up 포기하다
옳지. 잘하네!	That's right. You are doing great!
엄마 손 놓으면 안 돼.	Don't let go of Mommy's hands. • let go of ~을 놓다

Chapter 09 | 반가워 아가야 (0~12개월)

조심해야지. 넘어질라.	Be careful. You might fall down.
아이쿠, 넘어졌네.	Oops, you fell down.
아프지? 괜찮아?	Doesn't it hurt? Are you okay?
울지 마. 괜찮아. 한 번 더 해보자.	Don't cry. It's all right. We'll try one more time.
이제 일어서네!	Now you are standing up!

이유식 먹이기

우리 아기, 맘마 먹을 시간이에요.	It's time for your meal, Sweetie.
배고프겠다. 이제 맘마 먹자.	You must be hungry. Let's eat now.
오늘은 뭘 먹어야 할까요?	What will we have to eat today?
아주 맛있는 채소죽이란다.	It is a very delicious vegetable porridge.

• porridge 죽

음, 냄새가 좋은데. 그렇지?	Hmm. It smells nice, right?
이것 봐! 색깔이 아주 예쁘지?	Look! Isn't the color so pretty?
아, 해봐. 맛있지?	Say, "Ah." Delicious, isn't it?
아가야, 맛있게 먹어.	Enjoy your meal, Honey.
꼭꼭 씹어서 먹으렴.	Don't forget to chew before you swallow.

• chew 씹다   • swallow 삼키다

와, 씹기도 아주 잘하네.	Wow, you can chew really well.
조금 흘렸네.	You spilled some. • spill 흘리다

얼굴에 온통 맘마가 묻었네. 엄마가 닦아줄게.	You got food all over your face. Let me wipe it off for you. • wipe off 닦아내다
지지! 바닥에 떨어진 건 먹는 거 아니야.	No, no! Don't eat food that has fallen on the floor.
자, 뱉어내.	Come on. Spit it out.
한 입만 더 먹는 게 어때?	Why don't you have one more bite? • bite 한 입
조금 더 먹을래?	You want some more?
그만 먹을래? 이제 배불러?	You don't want to eat anymore? Are you full now?
진짜로 먹은 것보다 흘린 게 더 많네.	You've spilled more food than you've actually eaten.
우리 이쁜 아기 먹성이 좋구나!	My lovely baby is such a good eater!
우리 아가가 충분히 먹은 것 같구나.	It seems like you've eaten enough.

Chapter 10 무럭무럭 자라렴(13~36개월)

> Sweetie, let's try walking now.
>
> Look, Daddy! Eunji is walking!

걸음마 배우기

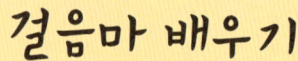

자, 우리 애기, 이제 걸음마해보자.	Okay, Sweetie, let's try walking now.
엄마 손 잡아.	Hold Mommy's hands.
그래, 이제 한 발짝 떼어보세요.	Okay, now take one step.
한 발, 또 한 발.	Now one foot. Now the other.
옳지! 아주 잘한다!	Good! You are doing really well!

이제 엄마는 네 손 놓는다.	Now Mommy will let go of your hands. • let go of ~을 놓다
혼자 걸을 수 있겠니?	Do you think you can walk by yourself?
넘어져도 괜찮아.	It's okay to fall down.
엄마가 잡아줄게.	Mommy will hold you.
엄마 있는 곳까지 계속 올 수 있겠니?	Can you walk all the way up to Mommy? • all the way 죽, 계속 • up to ~까지
천천히! 천천히 하렴.	Easy! Easy does it.
아이쿠, 넘어져버렸네.	Oops, you fell down.
울지 마. 괜찮아. 한 번 더 해보자.	Don't cry. It's all right. We can try one more time.
조금만 더 연습하면 잘 걸을 수 있어.	You will walk very well if you practice a little bit more.
오늘은 여기까지 하자.	Let's stop here for today.
와! 드디어 우리 민서가 걸었어요!	Yay! My Minseo is finally walking!

배변 훈련

 쉬/응가 하고 싶니?   Do you want to pee/poop?
• pee 쉬하다 • poop 응가하다 (= poo)

화장실 가고 싶어?   Do you want to go to the bathroom?

쉬 안 마려워?   Don't you feel like peeing?   • feel like -ing ~하고 싶다

엄마랑 쉬하러 가자.   It's time to go pee with Mom.

팬티 내리고 변기에 앉아.	Pull down your underpants and sit on the potty. •underpants 팬티 •potty 유아용 변기
넌 남자니까 서서 쉬해야 하는 거야.	Since you are a boy, you have to stand when you pee.
바지에 쉬했어?	Did you pee on your pants?
그렇게 급했어?	Did you need to go that badly?
참지 말고 변기로 가야지.	You should not hold it. You should go to the potty. •hold 참다
아무데나 쉬하면 엄마가 아주 힘들어요.	If you pee anywhere, Mom will have a very hard time.
괜찮아. 다음부터는 잘할 거야.	It's all right. You will do better next time.
쉬하고 싶을 때는 엄마를 불러.	When you feel like peeing, just call me.
우리 아기 변기에 쉬했네. 잘했어요!	You peed in the potty. Very good!
이제부터 응가는 이 변기에 해야 하는 거란다.	You'll have to poop in this potty from now on. •from now on 이제부터
여기에 앉아 응가해야 한단다.	You have to sit here when you poo.
다했니?	Are you finished?
엄마가 닦아줄게. 엄마한테 똥꼬 돌려봐.	Let me wipe it off. Turn your butt toward Mommy. •butt 엉덩이
팬티부터 올리고 나서 바지 올리렴.	Pull up your underwear first. Then, pull up your pants. •pull up 올리다 •underwear 속옷
옳지! 참 잘했어요.	Good! You did really well.
우리 아기, 기저귀 뗐네!	You're done with diapers, Sweetie!
이젠 기저귀 안 써도 되네.	No more diapers anymore.

젖병 떼기

이제부터 우유 대신 맘마 먹어야 해요.	From now on, you have to eat meals instead of drinking milk. • meal 식사, 끼니
울어도 소용없어요.	Crying won't do anything.
젖병은 누워 있는 애기들이나 쓰는 거야.	Bottles are for babies lying in bed.
엄마가 벌써 젖병 다 치워버렸는걸.	Mommy already got rid of all the baby bottles. • get rid of ~을 제거하다, 치우다
네가 형아가 되서 젖병이 다 없어졌어.	The bottles are all gone since you're a big boy. • be gone 없어지다, 사라지다 • since ~ 때문에
이제 젖병이랑 안녕하자.	Let's say bye to the baby bottles now.
컵으로 우유 마셔보자.	Let's drink milk from a cup.
이거 아주 예쁜 컵이네.	This is a really pretty cup.
빨대컵에다 우유 부어줄게.	I will pour the milk into a cup with a straw. • pour 붓다
엄마처럼 우유 마셔봐.	Try drinking milk like Mom.
맘마를 먹어야 쑥쑥 큰단다.	You need meals to grow.
엄마가 네 접시랑 숟가락을 샀어.	I bought a plate and a spoon for you.
여기에 맛난 거 담아줄까?	Do you want some delicious food here?
우리 애기 엄마 아빠처럼 숟가락을 쓰네.	My baby uses a spoon like Mom and Dad.

손가락 빠는 버릇

 지지. 손가락 입에 넣으면 안 돼요. — No, no. You should not put your finger into your mouth.

이제 손가락 빼. — Take out your finger now.

손가락에 지지가 많이 묻어 있어. — There's a lot of dirt on your finger. • dirt 먼지, 흙

손가락 빨면 배 아파요. — If you lick it, your tummy will hurt. • lick 빨다

손가락 모양도 미워져요. — Your finger will get ugly, too.

너 뭐 하고 있는지 봐. — Look at what you are doing.

또 손가락이 입 속에 있잖아. — Your finger is in your mouth again.

맛있기라도 한 거야? — Does it even taste good?

이제 손이 침범벅이구나. — Your hand is now all covered with your saliva. • saliva 침

엄마가 닦아줄게. — Mommy will wipe it off for you.

어떻게 해야 네가 손가락을 못 빨게 할까 모르겠네. — I don't know how to stop you from sucking your fingers. • how to ~하는 방법

엄마는 우리 애기가 손가락을 그만 빨면 좋겠어. — Mommy really wants you to stop sucking your fingers.

유모차/카시트 타기

● 유모차

 자, 유모차 타자. — Let's get into the stroller now.

다리는 이쪽으로 빼고.	Put your legs through here. • through ~을 통해
어때? 편안하니?	How is it? Is it comfortable?
햇볕가리개도 씌우자.	Let's put on the sunshade, too.
안전벨트 매야지.	You have to fasten the seatbelt/safety belt. • fasten 매다 • seatbelt 안전벨트
안전벨트가 너무 헐겁구나/조였구나.	The belt is too loose/tight.
부릉부릉. 출발!	Vroom, vroom. Here we go!
손잡이 꼭 잡고 있어.	Hold on tightly to the handle.
덜컹거릴 테니 꽉 잡아.	It will rattle, so hold on tightly. • rattle 달가닥거리다
몸을 뒤로 기대.	Lean your body backwards. • backwards 뒤로

● **카시트**

이제부터 여기가 네 자리란다.	This is your seat from now on.
우리 아기, 카시트에 태워줄게.	Sweetie, let me help you to sit in the car seat.
왜 그러니? 저기 앉기 싫어?	Why? Don't you want to sit there?
등받이에 바짝 대고 앉으렴.	Place your back all the way to the backrest. • backrest 등받이
거기 편안해?	Do you feel at home there? • at home 편안한
카시트에 앉는 것이 안전해.	It is safe to sit in the car seat.
카시트에서 창밖이 더 잘 보인단다.	You can look out the window better from the car seat.
자, 출발합니다!	Okay, we are going!
모두 비켜나세요!	Everyone, get out of the way!

또 카시트에서 난리네.	You are getting cranky again in the car seat. • cranky 짜증내는
조금만 참아. 거의 다 왔어.	Hold on for a second. We are almost there.

간식 만류하기

간식을 또 달라고?	Do you want a snack again?
하나도 없어. 네가 이미 다 먹었잖아.	They are all gone. You already ate them up.
오늘 간식 이걸로 끝.	This is the last snack of the day.
간식 찾겠다고 뒤져봐도 소용없단다.	Your searching for snacks won't help. • search 찾다
거기 없어. 못 찾을 거야.	It's not there. You won't find it.
아무데서도 못 찾는다.	You can't find it anywhere.
더는 안 된다고 했지. 알겠어?	I said no more. Okay?
밥부터 먹어.	Eat your meal first.
간식은 밥 먹고 먹어야지.	You should eat a snack after your meal.
일단 밥 먹고 나면 엄마가 뭐 줄게.	Once you are done with the meal, I will give you something. • be done with ~을 끝내다
간식부터 먹으면 밥맛이 없어져요.	If you eat a snack first, you will lose your appetite for the meal. • appetite 식욕
자꾸 징징대면 사탕 어디 있는지 안 가르쳐줄 거야.	If you keep on whining, I won't tell you where the candy is. • whine 징징거리다, 우는 소리하다
애야, 울어도 소용없어.	It's no use crying, Honey. • It's no use -ing ~하는 것은 소용없다

벌써 간식 다 먹었잖아. 내일까지 기다리자.	We've eaten all the snacks already. Let's wait till tomorrow.

남아/여아의 차이

	왜 여자만 치마를 입어요?	Why do only girls wear skirts?
	여자와 남자는 다르단다.	Men and women are different.
	엄마는 왜 찌찌가 커요?	Mom, why are your breasts big?
	엄마는 여자라서 그런 거야.	It's because I'm a woman.
	엄마 찌찌엔 우유가 들어 있어요?	Is there milk inside your breasts?
	응. 너 먹일 젖이 들어 있었어.	Yes. There used to be milk to feed you. • used to 예전에 ~한 적이 있다
	여자는 고추가 없어서 앉아서 쉬를 해.	Women pee sitting down because we don't have peanuts. • peanut〈유아어〉고추
	엄마, 난 왜 고추가 있어요?	Mom, why do I have a peanut?
	여자는 왜 고추가 없어요?	Why doesn't a girl have one?

쏙쏙 들어오는 Tip

'고추'의 여러 이름

남자의 성기는 penis인데 아이들에게는 willie라고도 합니다. 어린 아이의 성기를 말할 때 귀엽게 peanut이라고 하는 사람도 있습니다. 그런가 하면 peanut이 속되게 쓰일 수도 있어서 그냥 penis라고 하는 사람도 있습니다.

남자와 여자는 몸 생김새가 다르단다.	Men and women have different bodies.
남자는 고추가 있고 여자는 없어.	Men have willies while women don't have them. • willie 〈유아어〉 고추
남자는 덩치가 크지만 여자는 작아요.	Men are big while women are small. • while ~반면에

아빠처럼 힘이 세지고 싶어요 I want to be strong like my dad.

엄마, 나는 치마가 좋아요.	Mom, I like skirts.
핑크색이 아닌 옷은 싫어요.	I don't like clothes that aren't pink.
아빠랑 결혼할래요.	I want to marry Daddy.
나는 인형 갖고 노는 게 좋아요.	I love playing with dolls.
엄마, 나랑 소꿉놀이 할래요?	Mom, will you play house with me?
공주처럼 입혀주세요.	Dress me like a princess.
여자는 머리가 길어요.	Women have long hair.
엄마처럼 구두 신을래요.	I want to wear dress shoes like you.

최신형 자동차 갖고 싶어요.	I want to have the newest car.
엄마, 공룡 책 사주세요.	Mom, buy me the dinosaur book.
로봇 가지고 노는 게 참 재미있어요.	I love playing with robots very much.
데리고 나가서 놀아주세요.	Can you take me outside and play with me?
여자애들은 왜 자꾸 울어요?	Why do girls cry so often?
나는 남자라 울지 않아요.	I don't cry because I am a man.
남자들은 여자보다 키가 더 커요.	Men are taller than women.
내가 여자애들보다 달리기도 더 잘해요.	I run faster than girls.
여자만 치마와 원피스를 입어요.	Only girls wear skirts and dresses.

| 여자애들에게 잘 해줘야 해. | You have to be nice to girls. |
| 바보나 여자를 때린단다. | Only a dummy hits a girl. • dummy 멍청이, 바보 |

문화센터 가기

오늘은 문센 가는 날이야.	Today we are going to Mommy and Baby Class.
백화점 문센 가자.	Let's go to the baby class in the department store.
문센 갔다 식당 가자.	Let's go to a restaurant after the baby class.
놀이 시간이 재미있어?	Do you like the play time here?
너 맘대로 뛰어도 돼.	You can run as much as you want.
이번 복지회관 겨울학기 프로그램이 좋네.	I love the winter programs in the community center. • community center 지역복지시설
선생님 쳐다봐.	Look at your teacher.
엄마랑 같이 하자.	Let's do it with me.
너 문센 아주 좋아하는 거 같구나.	You seem to enjoy the baby class a lot.
문센 갔다 오면 피곤하니?	Are you tired when you come back from the class?

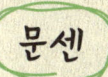

문센

문화센터프로그램을 줄여서 문센이라고 하는데 영어로는 preschool age programs입니다. mom and baby classes, toddler classes라고 말하면 됩니다.

Chapter 11 동생이 생겼어요

You are a big brother. Let her have it.

I wish she were not here!

동생이 예쁠 때

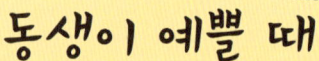 여기 누가 있나 봐! 우리집 새 아기야!   Look at who's here! This is our new baby!

 와, 난 이제 언니야!   Wow, I'm a big sister now!

 여동생이 생겨서 기분이 어떠니?   How do you feel about having a baby sister?
• How do you feel about -ing ~? ~하는 건 기분이 어때?

 동생이 생겨서 너무 좋아요.   I'm really happy to have her.

 동생이 너무 귀여워요!   She is so cute!

손이 너무 작고 귀여워요.	Her hands are so small and cute.
동생이 나보다 예쁘게 생겼어요.	She is better looking than me.
동생은 이렇게 웃을 때가 가장 예뻐요.	She looks the best when she smiles like this.
내 동생이 세상에서 제일 귀여워요!	She is the cutest baby in the world!
너도 아주 귀여워!	You are very cute, too!
내 동생이 민수 동생보다 더 귀여워요.	He is cuter than Minsu's brother.
너무 사랑스러워서 꼬집어주고 싶어요!	I want to pinch him because he is so adorable! • pinch 꼬집다 • adorable 사랑스러운
내 동생은 예쁜 인형 같아요.	She looks like a pretty doll.
네가 동생을 이렇게 사랑하니 엄마가 참 좋구나.	I'm so glad you love your brother so much.
네가 동생을 좋아하는 것만큼 동생도 널 좋아한단다.	Your brother likes you just as much as you like him.

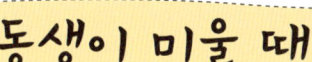 

동생이 미울 때

동생이 싫어요.	I don't like my brother.
왜 동생이 싫어?	Why do you not like him?
걔가 날 너무 귀찮게 해요.	He bothers me too much.
걘 말썽꾸러기예요.	He is a troublemaker. • troublemaker 말썽꾼
걘 너무 못됐어요.	He is too mischievous. • mischievous 짓궂은, 말썽꾸러기의
걘 자꾸 내가 하는 걸 망쳐놔요.	He keeps messing up my work. • mess up 엉망으로 만들다, 망치다

	걘 내 장난감을 핥아요. 지저분하게시리!	He licks my toys. It's gross! • gross 역겨운
	동생을 다른 집에 줘버리면 좋겠어요.	I want you to give him away to another family.
	동생이 없었으면 좋겠어요.	I wish that he was gone.
	그런 말 하면 못 써.	You should not say that.
	동생이 그 말 들으면 슬프겠다.	Your brother will be sad if he hears that.
	동생을 사랑해야지.	You should love your brother.
	진수는 누나를 얼마나 좋아하는데.	You do not know how much Jinsu loves you.
	걘 시끄럽게 울기만 해요.	He just keeps crying very loudly.
	글쎄, 너도 아기 때에 딱 그랬는데.	Well, you were just like him when you were a baby.
	내 물건 그만 만지라고 해도 말을 안 들어요.	I tell him to stop touching my things, but he does not listen.
	그래, 그럼 걔를 다른 데 줘야겠다.	Okay, then I'm going to give him away.
	생각해보니 동생이 아주 슬프겠어요.	Come to think of it, he might be very sad. • come to think of ~을 생각해보니
	애기랑 잘 지낼게요.	I'll get along well with the baby. • get along 어울리다, 잘 지내다

투정 받아주기

	왜 엄마는 민서만 예뻐해요?	Why do you like only Minseo?
	그게 무슨 소리니? 엄마는 너도 똑같이 사랑해.	What do you mean? I love you just as much as I love him.

너나 동생이나 엄마한텐 다 소중해.	You and your brother are both important to me.
그런데 민서만 안아주잖아요.	But you only hold Minseo.
음, 민서는 아기잖아. 그래서 자주 안아주는 거야.	Well, Minseo is a baby. That's why I'm holding him often.
나도 안아주세요.	I want you to hold me, too.
아가 먹이듯이 나도 밥 먹여주세요.	Please feed me like you feed the baby.
업어주세요. 다리 아파요.	Give me a piggy-back ride. My legs hurt.
엄마 침대에서 엄마랑 같이 잘래요.	Let me sleep with you in your bed.
음, 너도 아기였을 때는 엄마가 많이 안아줬어.	Well, I held you a lot when you were a baby.
이리 와, 엄마가 안아줄게.	Come here, and I'll give you a hug. • give a hug 포옹하다
엄마가 너를 얼마나 사랑하는데.	You don't know how much Mommy loves you.
근데 엄마는 민서만 칭찬하잖아요.	But you only praise Minseo. • praise 칭찬하다
그리고 항상 저 혼내시잖아요.	And you always scold me.
잘못한 것이 있으니까 혼냈지.	I scolded you because you did something wrong.
민서는 아직 아기라서 아무것도 모르잖니.	Minseo is only a baby. He still does not know anything.
그래서 엄마가 민서만 사랑하는 것 같니?	So you think that Mommy only loves Minseo?
그래서 속상했구나.	That's why you were sad.
동생이 어리니까 더 챙겨주는 것뿐이야.	I'm just helping him more because he is a baby.

너희 둘 다 엄마에게는 소중하단다.	Both of you mean a lot to Mommy. / You are both so precious to me. • mean a lot 큰 의미가 있다, 소중하다 • precious 소중한
엄마는 너희 둘 다 똑같이 사랑해.	I love you both the same.
넌 하늘에서 우리에게 주신 첫 번째 선물이야.	You are the first present from God to us.
엄마는 이 세상 그 누구보다도 널 사랑해.	I love you more than anyone else in the whole world.

Chapter 12

유치원에 가요

"Eunji, what's the name of your kindergarten?"

"It's Saesak kinder."

유치원 입학하기

 드디어 네가 유치원에 가는구나.   Finally, you are going to kindergarten.
• kindergarten 유치원

네가 벌써 유치원에 입학하다니 믿기지 않아.   I can't believe that you are already in kindergarten.

이 책가방 예쁘지 않니?   Doesn't this book bag look nice?

 이 가방 메고 유치원 다니는 거야.   You will carry this backpack when you go to school.

엄마, 저 가기 싫어요. | Mommy, I don't want to go.

 왜? 유치원이 얼마나 재밌는 곳인데. | Why not? Kindergarten is such a fun place.

거기 가면 좋은 선생님도 있고 친구들도 많아. | If you go there, you will have a great teacher and a lot of friends.

 엄마, 유치원에서 뭐 해요? | Mom, what do I do at school?

 음, 친구들과 놀고 공부도 하지. | Well, you play and study with your friends.

거기에는 큰 놀이터도 있어. | There is a big playground there.

집에는 없는 장난감하고 게임도 많이 있지. | You'll see many toys and games that you don't have at home.

유치원에서 매일 맛있는 점심을 줄 거야. | The school will serve a wonderful lunch every day. • serve lunch 점심을 내주다

여기가 네가 다닐 유치원이란다. | This is the kindergarten that you will be going to.

 선생님이랑 새 친구들이 생겨서 기분좋아요. | I'm so glad to have a teacher and new friends.

미국의 유치원

유치원을 kindergarten이라고 하는데, 만 5세 대상의 공교육에 포함됩니다. 그보다 어린 아이들이 가는 교육장은 preschool로, 이는 사교육입니다. kindergarten은 입학식이 따로 없이 일주일에 걸쳐 학생들을 하루에 4-5명씩 불러 하루 종일 학교생활을 연습시킵니다. 일주일이 지나면 전 학생이 다 모여서 바로 수업을 시작합니다. preschool은 결원이 있으면 언제나 입학이 가능합니다.

반/선생님 배정

넌 노랑반이네.	You are in the class called Yellow.
노랑반 친구는 12명이야.	There are 12 students in Class Yellow.
노랑반 교실은 여기란다.	This is the classroom for Yellow.

| 난 노란색 싫은데, 분홍반 해도 돼요? | But I don't like yellow. Can I be in Class Pink? |
| 분홍반으로 옮기고 싶어요. | I want to transfer to Class Pink. |

• transfer 옮기다, 이동하다

| 예주랑 같은 반 할래요. | I want to be in the same class with Yeju. |
| 예주가 우리 반이라 좋아요. | I'm glad Yeju is in our class. |

| 음, 분홍반은 일곱 살 반이야. | Well, Class Pink is for 7 year olds. |
| 넌 여섯 살이잖아. 여섯 살은 노랑반이란다. | You are 6, and 6 year olds go to Class Yellow. |

 누가 우리 선생님이에요? — Who is my teacher?

 노랑반 선생님은 김 선생님이래. — Miss Kim is the teacher of Class Yellow.

우와, 우리 선생님 정말 예쁘다.	Wow, my teacher is really pretty.
우리 선생님이 제일 좋아요.	I like my teacher the most.
선생님이 무서워/엄해 보여요.	The teacher looks scary/strict.

| 가서 선생님께 인사드릴까? | Shall we go and say hello to your teacher? |
| 선생님은 유치원에서 엄마와 같단다. | Your teacher is like your mother when you are at school. |

급식

| 엄마, 오늘 점심 급식은 뭐예요? | Mom, what's for lunch today? |
| 선생님께서 유치원 급식표 나눠주셨어요. | The teacher gave me the menu for the school lunch. |

글쎄, 모르겠는데. 하지만 평소처럼 맛난 걸 거야.	Well, I don't know, but it must be good as usual. • as usual 평소처럼
글쎄, 급식표를 봐야겠네.	Well, I guess I have to take a look at the menu. • take a look at ~을 보다
맛있는 음식을 많이 먹겠구나.	It seems like you will have a lot of delicious food.
네가 유치원에서는 편식을 안 하니 다행이야.	I'm glad you're not picky about food at school. • picky 까다로운
오늘은 파티가 있어서 특별식이 나올 거야.	A special lunch will be served because there is a party today. • be served 나오다, 제공되다

신난다! 치킨이랑 케이크도 먹을 거예요!   Yay! I will eat chicken and cakes, too!

| 오늘 급식은 뭐였니? | What did you have for lunch today? |
| 급식 맛있었니? | Was your lunch delicious? |

선생님 호칭

서구에서는 선생님을 이름으로 부르는 것이 보편적입니다. 예를 들어 Ms. Kay, Mr. Brown이라고 한답니다.

제가 좋아하는 음식인 감자볶음을 먹었어요. | I had my favorite food—fried potatoes.

아주 맛있었어요. | It was really good.

오늘은 국수가 형편없었어요. | The noodles were terrible today. • noodle 국수

 김치 많이 먹었니? | Did you eat a lot of kimchi?

하나도 안 남기고 다 먹었니? | Did you eat everything without leaving anything left over? • leave 남기다

 너무 배불러서 접시에 조금 남겼어요. | I left some food on my plate because I was too full.

 음식 다 먹도록 해. 그래야 더 튼튼해지지. | Try to finish all of your food so that you can be healthier.

 급식 다 안 먹으면 선생님이 혼내요. | My teacher will scold me if I don't finish my lunch.

스티커 모으기

 오늘 선생님이 스티커 주셨어요. | The teacher gave me a sticker today.

 어떻게 하면 칭찬 스티커를 받니? | How can you receive a praise sticker?
• receive 받다 • praise 칭찬

 착한 일을 할 때마다 한 장씩 주시는 거예요. | She gives one whenever we do something nice/good. • whenever ~할 때마다

질문에 대답을 잘하면 하나씩 받을 수 있어요. | You can get one when you answer a question correctly.

규칙을 잘 지키면 스티커를 받을 수 있어요. | If you follow the rules, you can get stickers.

Chapter 12 | 유치원에 가요

| 아픈 친구를 도와주면 스티커를 3장 받을 수 있어요. | If you help a friend who is sick, you can get three stickers. |

| 우와, 저건 정말 예쁜 스티커구나! | Wow, that is a really pretty sticker! |
| 스티커공책에 붙여 놓자. | Let's stick it in the sticker book. • stick 붙이다 |

| 내가 받은 스티커들 좀 보세요! | Look at all the stickers I've got! |

| 와, 스티커 많이 모았구나! | Wow, you have collected a lot of stickers! • collect 모으다 |

| 스티커 가장 많이 모은 사람은 상을 받는대요. | The person with the most stickers will be rewarded. • reward 보상하다, 사례하다 |
| 스티커 20장 모으면 선생님이 큰 선물을 주신대요. | If I collect 20 stickers, the teacher will give me a big present. |

| 그래? 그럼 스티커 열심히 모아야겠네. | Oh, really? Then you should try hard to get the stickers. • try hard 열심히 노력하다 |
| 그럼 누가 스티커 제일 많이 모았니? | So, who has the most stickers? |

| 지나요. | Jina does. |
| 전 지금까지 10장밖에 못 모았어요. | I've got only 10 stickers so far. • so far 지금까지 |

| 스티커 100장 모으면 엄마가 좋은 선물 줄게. | When you collect 100 stickers, I'll give you a good present. |
| 하루에 책 3권 읽으면 엄마가 스티커 5장 줄게. | If you read 3 books a day, I'll give you 5 stickers. |

방학식/진급식

| 오늘부터 방학이구나! | Your vacation begins today! |

엄마, 방학이 뭐예요?	Mom, what is a vacation?
방학은 유치원에 가지 않는다는 뜻이야.	Vacation means no school.
일찍 안 일어나도 된다! 신난다!	No waking up early! Hooray!
그럼 방학 안 하고 싶어요. 유치원 갈래요.	I don't want vacation then. I want to go to kindergarten.
방학이 너무 길어요.	The vacation is too long.
빨리 유치원에 다시 가고 싶어요.	I can't wait to go back to kindergarten.
엄마, 방학이 싫어요.	I don't like vacation, Mommy.
선생님과 친구들이 보고 싶어요.	I miss my teacher and my friends.
유치원에 다시 가려면 며칠 남았어요?	How many days are left until I go back to school? • left 남은
열흘 더 기다려야 해.	You have to wait for ten more days.
방학이 끝나도 유치원 안 갈래요.	I won't go back to kindergarten after the vacation. • won't = will not
엄마랑 집에 있는 게 좋아요.	I like staying home with you.
방학 지나면 넌 형님 반으로 가게 돼.	You'll go to the older kids' class after vacation.
그럼, 이제 곧 분홍반이네요.	Well, then I'll be in Class Pink soon.
교실도 선생님도 바뀌게 될 거야.	Your classroom and teacher will change, too.
반 친구들은요?	What about my classmates?
아는 얼굴도 있을 거고, 새로 만나는 친구들도 있을 거야.	There will be some old faces, but there will also be some new students.
민서와 다른 반 되기 싫어요.	I don't want to be in a different class than Minseo's.

재롱잔치/졸업식

다음 주에 재롱잔치가 있어요.	We are going to have a talent show next week.
우리 반은 꼭두각시 춤을 출 거예요.	Our class will do a Korean puppet dance. • puppet 꼭두각시
우리 반은 연극을 할 거예요.	Our class will do a play.
우리 반은 합창을 할 거예요.	Our class will form a choir. / Our class will sing as a choir at the show. • choir [kwaiər] 합창

내일이 졸업식이구나.	Tomorrow is your graduation day. • graduation 졸업
네가 벌써 졸업을 하다니 믿기지가 않아!	I can't believe that you are already graduating! • graduate 졸업하다
이젠 초등학생이 되는 거야.	You will become an elementary school student.
우리 딸 유치원 생활 정말 열심히 잘했어. 아주 대견하구나, 애야.	You've been really good at school. I'm so proud of you, Sweetie.

졸업하기 싫어요.	I don't want to graduate.
계속 유치원 다니고 싶어요.	I want to keep going to kindergarten.
졸업하면 선생님 만날 수 있나요?	Will I be able to see my teacher if I graduate?
음, 원하면 언제든 선생님 찾아 가면 되지.	Well, you can always visit when you want to.
졸업식 하는 동안 얌전히 앉아 있어.	Sit still during the graduation ceremony.
엄마는 교실 뒤에 서 있을게.	Mom will be standing at the back of the classroom.

축하한다!	Congratulations!
저 모범상 받았어요.	I got a good behavior award. • award 상
친구들, 선생님이랑 사진 찍자.	Let's take some pictures with your friends and teacher.
선생님한테 가서 고맙다고 인사드리자.	Let's go and say thank you to your teacher.
친구들과 선생님이 정말 보고 싶을 거예요.	I will miss my friends and teacher so much.
이건 엄마가 주는 졸업선물이야.	This is your graduation gift from Mommy.
졸업사진이 참 잘 나왔네.	The graduation photos came out really well.

Chapter 13 초등학생이 되었어요

입학/학교 가기

네가 벌써 학생이라니 믿기지가 않구나!	I can't believe that you're a student already!
너 이제부터 초등학교에 다니는 거야.	You'll go to an elementary school from now on.
서둘러라. 입학식에 가야지.	Hurry up. We need to go to the opening ceremony.
초등학교 입학 축하해!	Congratulations for starting elementary school!

	이제 넌 형/누나야. 더 이상 아기가 아니지.	Now you're a big boy/girl and not a baby anymore.
	학교 가는 게 설레니?	Are you excited about going to school?
	음, 설레기도 하고 좀 무섭기도 해요.	Well, I'm excited, but I'm kind of scared, too. • kind of 조금, 다소
	우리 아들 몇 반으로 가야 하지?	What class should my son go to?
	저는 1학년 4반이에요.	I'm in Class 4 in the 1st grade.
	교실 안에서는 실내화 신는 거야.	You have to wear indoor shoes in the classroom. • indoor 실내의
	신발주머니는 신발장에 넣어두어라.	Put your shoe bag on the shoe shelf.
	엄마가 학교까지 데려다줄게.	Mommy will take you to school.
	8시 30분까지 등교해야 해요.	We have to be at school by 8:30 AM.
	근데 선생님이 8시 30분에서 10분 전까지 와야 한다고 하셨어요.	But the teacher said that we have to be there by 10 minutes before 8:30 AM.
	오늘은 수업이 많아서 책가방이 너무 무거워요.	My bag is very heavy because we have a lot of classes today.
	교과서는 사물함에 두고 다녀도 돼.	You can leave your textbooks in your cubby. • cubby (잠금 장치 없는 책꽂이 같이 생긴) 사물함
	학교에서 늘 쓰는 물건이라면 사물함에 넣어둬.	Put the things inside your locker if you always use them at school. • locker 사물함
	우리 반 급식시간은 12시예요.	Lunchtime for our class is 12 o'clock.
	엄마, 실내화 빨았어요?	Mom, did you wash my classroom shoes?
	학교에서 선생님 말씀 잘 들어라.	Listen carefully to the teacher at school.
	선생님 말씀 잘 들어야 해.	You need to listen carefully to your teacher.
	친구들과 잘 지내고.	Get along well with your friends.

잘 하고 와!	Have a good day!
오늘 학교가 몇 시에 끝나니?	At what time will your school be over today? • over 끝난
엄마가 학교 정문에서 기다릴게.	I'll be waiting for you at the school gate.

자기 소개하기

자기 소개를 하겠습니다.	Let me introduce myself. • introduce 소개하다
제 이름은 김지나입니다.	My name is Jina Kim.
저는 여덟 살입니다.	I'm 8 years old.
저는 ABC아파트에 살고 있습니다.	I live in ABC Apartment.
우리 가족은 아빠, 엄마, 동생, 저 이렇게 네 식구입니다.	There are four people in my family: my dad, mom, my younger brother, and me.
제 키는 130cm이고 몸무게는 25kg 입니다.	My height is 130cm, and my weight is 25kg.
제일 좋아하는 음식은 불고기입니다.	My favorite food is bulgogi.
저는 책 읽기를 아주 좋아합니다.	I like reading books very much.
저는 강아지를 키우고 있습니다.	I have a pet dog. • pet 애완동물

저는 이민수입니다. 서울초등학교 1학년 3반입니다.	I'm Minsu Lee. I'm in the first grade in class 3 at Seoul Elementary School.
저는 달리기를 잘해서 별명이 Lightfoot(날쌘돌이)입니다.	My nickname is Lightfoot because I'm a fast runner. • nickname 별명
잘하지는 못하지만 전 운동을 좋아 합니다.	I like sports although I'm not really good at them. • be good at ~을 잘하다

여러분 모두와 친하게 지내고 싶습니다.	I want to be good friends with all of you.
저는 커서 박지성 선수 같은 축구선수가 되고 싶습니다.	I want to be a soccer player like Jisung Park when I grow up.
제 장래희망은 의사입니다.	My dream is to be a doctor when I grow up.
저는 과학자가 되어서 세상에서 최고로 좋은 로봇을 만들고 싶습니다.	I want to be a scientist and create the best robot in the world.
저는 훌륭한 사람이 되기 위해서 열심히 공부하겠습니다.	I will study hard to be a great person.

짝꿍/자리 바꾸기

 우리는 일주일에 한 번씩 자리를 바꿔요. — We change seats once a week.

 제비뽑기로 짝꿍을 정해보자. — Let's decide on seatmates by drawing lots.
• lot 추첨, 제비뽑기

 민지야, 이번엔 나랑 짝꿍이구나. — Minji, you are my seatmate this time.

또 너랑 짝꿍이 됐네. — You are my seatmate again.

너와 짝꿍이 되어서 너무 좋아! — I'm really happy to be your seatmate!

우리는 찰떡궁합이야. — We are made for each other! / We are just meant to be!

그냥 이대로 앉으면 안 돼요? 자리 바꾸고 싶지 않아요. — Can we stay in our seats? We don't want to change seats.

 넌 누구랑 짝꿍이니? — Who is your seatmate?

여자 짝이 좋니, 남자 짝이 좋니? — Would you prefer a girl seatmate or a boy seatmate?
• prefer 더 좋아하다, 선호하다

	둘 다 좋아요.	I like both.
	저는 민서랑 앉고 싶어요.	I want to sit with Minseo.
	이번엔 어디에 앉니?	Where is your seat this time?
	1분단 3번째 줄에 앉아요.	I'm sitting in the 3rd row of the first column. • row 줄, 열 • column 세로단, 세로행
	짝꿍이 마음에 드니?	Do you like your seatmate?
	글쎄, 별로예요.	Well, not really.
	아직 모르겠어요.	I don't know yet.
	선생님, 잘 안 보여서 앞에 앉고 싶어요.	Sir, I want to sit at the front because I cannot see clearly. • at the front 앞에
	너는 키가 많이 커서 뒤에 앉아야겠다.	You need to sit in the back because you are very tall. • in the back 뒤에

수업

	오늘은 몇 교시까지 수업이 있니?	How many classes do you have today?
	오늘 5교시까지 있어요.	I have five classes today.
	오늘은 학교가 일찍 끝나요.	School ends early today.
	오늘은 단축수업이란다.	The school hours are shortened today. • shortened 단축된, 짧아진
	제일 좋아하는 수업/과목이 뭐니?	What is your favorite class/subject?
	체육시간이 제일 좋아요.	I like PE class the most.
	수업은 얼마 동안씩 하니?	How long does each class last? • last 지속하다

40분 동안 해요.   It lasts for 40 minutes.

 쉬는 시간에 뭐 하니?   What do you do during your break time?
• break time 쉬는 시간

 쉬는 시간에 친구들하고 딱지놀이 해요.   I play picture card games with my friends during recess. • recess 쉬는 시간

 오늘은 학교에서 뭘 배웠어?   What did you learn at school today?

 선생님이 정말 재미난 이야기를 해주셨어요.   The teacher told us a very funny story.

 선생님이 어떤 질문을 하셨니?   What did your teacher ask?

질문에 큰 목소리로 대답했어?   Did you answer the question with a loud voice?

오늘 수업에 잘 참여했니?   Did you participate in class today?
• participate 참여하다

오늘 발표 잘했니?   Did you make a good presentation today?
• presentation 발표

 수업시간에 계속 손 들었는데 대답할 기회가 없었어요.   I constantly raised my hand during the class, but I didn't get a chance to answer.
• constantly 계속해서

오늘 수업은 전부 제가 좋아하는 거예요.   All of today's classes are my favorite ones.

오늘 수업은 재미가 하나도 없었어요.   Today's class was not fun at all.

학교에서 무척 힘들었어요.   I was very tired at school.

수업시간에 계속 졸았어요.   I kept on falling asleep during my classes.

과학실/음악실/미술실에서 수업했어요.   We had a class in the lab/music room/art room.

숙제/준비물/알림장

 숙제부터 끝내는 게 어떠니? — Why don't you finish your homework first?

 오늘은 숙제가 없어요. — We don't have any homework today.

오늘 숙제가 생각이 안 나요. — I can't remember today's homework.

 숙제 알림장을 확인해봐. — Check your homework reminders.

 문제집 23쪽까지 풀어야 해요. — I have to finish up to page 23 in my workbook. • finish up 끝내다

 숙제 다 했니? — Are you done with your homework?

 아직 하고 있어요. — I'm still working on it.

아직 다 못했어요. — I'm not done yet.

숙제장을 학교에 놓고 왔어요. — I left my assignment notebook at school.

 내일 수업 준비물이 뭐니? — What do you need for tomorrow's class?

 물감이랑 팔레트, 붓이에요. — Watercolors, a palette, and brushes.

엄마, 수업 준비물 사야 해요. — Mom, I need to buy some materials for my class. • material 재료, 자료

알림장

영어권에서 '알림장'이란 개념은 없고, 초등 고학년이 되면 교사가 학생들로 하여금 school planner나 agenda 등을 이용해 하루 일과를 쓰고 숙제나 주의사항을 쓰도록 하는데 이를 통해 부모는 자녀의 학교생활을 알 수 있습니다. 또한 교사는 부모에게 가정통신문을 보내서 주요 과제와 준비물 등을 알려줍니다.

문구점에 가서 학용품 사야겠다. — I will go to the stationery store to buy some school supplies. • school supplies 학용품

내일 수업 준비물 잊지 말고 챙겨가렴! — Don't forget to bring the materials for tomorrow's class!

빠진 건 없는지 꼼꼼히 보렴. — Carefully see if there is anything missing.
• see if ~인지 보다, 살피다 • missing 빠진

친구한테 전화해서 내일 가져가야 할 게 뭔지 물어봐라. — Call your friend to ask him about what you need to bring tomorrow.

 엄마, 오늘 유인물 두 장 있어요. — Mom, there are two handouts today.
• handout 인쇄물, 유인물

엄마, 학교에서 온 가정통신문 읽어보세요. — Mom, read the announcement letter from the school. • announcement 알림, 공고

엄마, 알림장에 사인해주세요. — Mom, can you please sign my school planner?

 그래, 그럼 알림장을 가져와보렴. — Okay, bring me your school planner then.

알림장에 쓸 때 글씨 좀 더 잘 써야겠다. — Write more neatly when you write on your agenda. • neatly 단정하게, 깔끔하게

 숙제하기

 오늘 숙제 있니? — Do you have any homework today?

네, 언어전달 해야 해요. — Yes. I have to do an oral report on some daily sentences.

숙제는 내일까지예요. — The homework is due tomorrow.

엄마랑 같이 숙제하자. — Do your homework together with me.

그럼 엄마가 도와줄게. — I'll help you then.

혼자 힘으로 숙제해봐.	Try to do your homework by yourself.
연습하게 언어전달 공책 가져와.	Bring your language notebook to practice it.
아직도 숙제하고 있니?	Are you still working on your homework?

 엄마, 숙제가 너무 어려워요. — Mom, the homework is too hard for me.

오늘 숙제가 너무 많아요. — I've got too much homework today.

 우리 딸 숙제 잘하는 것 좀 봐! — Look at how well you do your homework!

숙제가 좋아요. 너무 재미있어요! — I like my homework. It's so fun!

선생님께서 숙제 잊지 말라고 하셨어요. — My teacher told us not to forget about the homework.

숙제하면 선생님께서 스티커 주신대요. — If I do my homework, my teacher will give me a sticker.

목요일마다 숙제 가져가야 해요. — I have to bring my homework on Thursdays.

학교에서 충분히 공부했는데, 왜 집에서 숙제를 해야 해요? — I've worked enough at school. Why should I do work at home?

 숙제 하면서 배운 내용을 복습하는 거야. — Your homework helps you review what you learned. • review 복습하다

숙제가 없으면 배운 걸 잊어버릴 수 있어. — Without homework, you could forget what you learned.

지각 / 조퇴 / 결석

 학교 늦겠다! — You will be late for school!

너 어제도 지각했어. — You were tardy yesterday, too. • tardy 지각한

 다시는 학교에 지각 안 할게요. — I will never be late for school again.

	학교에 늦을 것 같아요. 태워주실 수 있어요?	I think I might be late for school. Can you give me a ride? • give a ride 차로 태워주다
	한 번만 더 지각하면 혼날 줄 알아.	If you're late one more time, you will be in trouble. • be in a trouble 혼나다
	휴, 지각 안 하고 도착했다!	Phew, I made it without being late! • make it 제시간에 도착하다
	아파서 오늘 학교 못 갈 것 같아요.	I don't think I can go to school today because I'm sick.
	아무래도 오늘 너 결석해야 할 것 같다.	I think you should just skip school today. • skip 건너뛰다, 거르다
	집에서 쉬어라.	Take a rest at home.
	엄마가 선생님께 전화해서 결석한다고 얘기할게.	Let me call your teacher and tell her you'll miss school. • miss school 학교에 결석하다
	음, 가능하면 학교에 빠지지 않는 게 좋아.	Well, try not to miss school as much as possible. • as 형용사 as possible 가능한 한 ~하게
	학교에 있기 정 힘들면 선생님께 말씀드려.	If it's too hard for you to stay in school, just tell your teacher.
	선생님, 저 오늘 조퇴해도 돼요?	Can I go home early today, Sir?
	오늘 조퇴해도 된다. 집에 있으면서 쉬렴.	You can leave early today. Just stay home and take a rest.
	지나는 아파서 결석했단다.	Jina is absent because she is sick.

방과 후 활동

	방과 후에 받고 싶은 수업이 뭐니?	What do you want to study after school?
	바이올린을 배우고 싶어요.	I want to learn the violin.

한자 수업이 재미있을 거예요.	The Chinese character lesson should be fun.
발레 수업은 일주일에 두 번 있어요.	The ballet lessons are scheduled for twice a week. • be scheduled 예정되다
로봇 수업이 제일 인기 많은 방과 후 프로그램이에요.	The robot class is the most popular after-school program.
여기 방과 후 수업 안내책자예요.	Here's the brochure for the after-school lessons. • brochure 안내책자

 시간표상에 미술 시간이랑 피아노 시간이 겹치네. — The art lesson overlaps with the piano lesson according to the schedule. • overlap 겹치다

하고 싶은 거 다 할 수 없으니까 두 가지만 골라봐. — You can't do everything that you want to do, so just choose two.

종이 접기를 배워볼래? — Do you want to learn origami?

바이올린 수업은 어디에서 하니? — Where do you take your violin lesson?

 2학년 3반 교실에서요. — It's in classroom 3 of the 2nd grade.

 그 수업들 끝나면 바로 집으로 와야 해. — You have to come home straight after those lessons. • straight 즉시

방과 후 수업 다 끝나면 곧장 학원으로 가렴. — When all of your after-school programs are over, go straight to your hagwon.

용돈 관리

 엄마, 용돈 받고 싶어요. — Mom, I want an allowance. • allowance 용돈

얼마 주실 거예요? — How much are you going to give me?

 얼마를 원하니? — How much do you want?

음, 일주일에 2천 원 줄게. — Well, I will give you 2,000 won a week.

너무 적어요. — That's too little.

 그 정도면 적당한 거야. — I think that is just about right.

넌 어차피 돈 쓸 데도 별로 없잖아. — You don't really have much to spend money on anyway. • anyway 어차피

용돈을 어디에다 쓸 거니? — What are you going to spend your allowance on?

돈을 낭비하지 말아야 한다. — Try not to waste your money. • waste 낭비하다

돈을 현명하게 쓰는 게 중요해. — It's important to spend money wisely.

 엄마, 용돈 좀 올려주세요. — Mom, please raise my allowance. • raise 올리다

 얼마나? — By how much?

 천 원만요. — By 1,000 won.

 천 원은 너무 많은 것 같구나. 5백 원 올려줄게. — I think 1,000 won is too much. I will raise it by 500 won.

자꾸 올려달라고 하면 아예 안 줄 거야. — If you keep on asking for a raise, I won't give you one.
• keep on -ing 계속 ~하다 • ask for ~을 요구하다, 부탁하다

잊지 말고 지출 내역을 잘 써놓도록 하렴. — Do not forget to keep a good record of the money you spend. • record 기록

벌써 용돈을 다 썼니? — Did you already spend all of your allowance?

 엄마, 용돈이 너무 빠듯해요. — Mom, my allowance is too tight for me.
• tight 빠듯한

심부름하면 용돈을 더 주실래요? — If I do some errands, will you give me a bigger allowance? • errand 심부름

설거지는 제가 할 테니, 그 대가로 용돈 좀 주세요. — I will wash the dishes, so give me some money for it.

남은 용돈은 저축할 거예요. — I will save my leftover allowance. • leftover 남은

Chapter 14 친구가 생겼어요

Who's Eunji's best friend?

Junho is my best friend.

반 친구

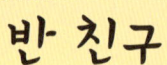 너희 반 친구는 몇 명이니?   How many students are in your class?

 30명이에요.   We have thirty.

 여자아이는 몇 명이니?   How many girls are there?

 여자친구는 14명, 남자친구는 16명이에요.   We have fourteen girls and sixteen boys.

 우리 반 친구들이 다 좋아요.   I like all of my classmates.

반 친구 중에 누가 가장 좋니?   Who do you like the most among your classmates?

 수아가 제일 좋아요.   I like Suah the most.

너희 반 친구들 이름은 다 아니?   Do you know all of your classmates' names?

외우려고 노력 중이에요.   I'm trying to memorize them.   • memorize 외우다

저랑 이름이 같은 친구가 있어요.   There is a friend who has the same name as me.

민지라는 이름을 가진 아이가 두 명이에요.   We have two kids whose names are Minji.

우리 반에 쌍둥이가 있어요.   We have twins in our class.

지나는 우리 아파트 단지에 살아요.   Jina lives in our apartment complex.

민주는 우리 동에 살아요.   Minju lives in our apartment building.

잘됐네! 아침에 둘이 같이 학교 갈 수 있겠구나.   Great! You can both go to school together in the morning.

친구 소개하기/사귀기

 엄마, 얘는 우리 반 친구 민수예요.   Mom, this is my classmate Minsu.

아, 안녕. 난 진호 엄마야.   Oh, hello. I'm Jinho's mother.

네 얘기 많이 들었단다.   I've heard a lot about you.

 수호라는 우리 반 친구는 정말 착해요.   My classmate named Suho is really nice.

 우리 반 하진이는 만날 선생님께 혼나요.   Hajin from my class always gets scolded by the teacher.   • get scolded 혼나다

우리 반 준서는 정말 똑똑해요.   Junseo from my class is really smart.

	민호는 아주 모범생이에요.	Minho is such a good student.
	우리 반 지원이는 완전 골칫거리예요.	Jiwon is such a troublemaker in our class.
	우리 반 민서랑 친해지고 싶어요.	I want to get closer to Minseo from my class. • get closer 가까워지다
	그래? 그럼 집에 한번 초대하자.	Do you? Why don't we invite him over? • Why don't we ~? 우리 ~하자. (= Let's ~.)
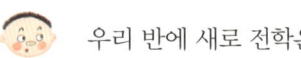	우리 반에 새로 전학온 친구가 있어요.	There is a new student in my class.
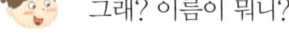	그래? 이름이 뭐니?	Oh, what's his name?
	어디서 전학왔니?	Where did he transfer from? • transfer 전학하다, 전근하다
	나는 지수랑 친해지고 싶은데, 지수는 주원이랑만 놀아요.	I want to get closer to Jisu, but Jisu only plays with Juwon.
	음, 그럼 너희 셋이 같이 놀면 되지.	Well, then the three of you can play together.
	내일부터 하진이랑 같이 학교 갈 거예요.	I will go to school together with Hajin from tomorrow.
	수호랑 나는 집에 올 때 같은 버스를 타요.	Suho and I ride the same bus back home.

친구 문제

	친구랑 다퉜어요.	I got in a fight with my friend. • get in a fight 싸우다, 다투다
	왜 싸웠니?	Why did you fight?
	한 장난감을 서로 갖고 싶어 했거든요.	We both wanted the same toy.
	그 애가 내 장난감들을 빼앗았어요.	He took my toys away.　• take away 가지고 가다

| 번갈아 가지고 놀아야지. | You should take turns. • take turns 차례대로 하다 |

너희 둘이 잘 지내는 줄 알았더니.　I thought you two were getting along.
• get along 잘 어울리다, 사이가 좋다

넌 함께 노는 법을 배워야 해.　You need to learn how to play together.

친구 때문에 속상해요.　I'm upset because of my friend.

친구가 자꾸 놀려요.　He keeps making fun of me.
• make fun of ~을 놀리다

친구가 자꾸 때려요.　He keeps hitting me.

친구가 계속 나쁜 말을 해요.　He keeps saying bad things.

친구가 자꾸 귀찮게 해요.　He keeps annoying me. • annoy 귀찮게 하다

속상하겠다.　You must be upset. • must be ~임에 틀림없다

친구랑 똑같이 굴면 안 되는 거야.　You shouldn't act the same way as your friend.

싫다고 분명히 말해.　Say, "No," clearly.

친구들에게 잘해줘야지.　Be nice to your friends.

친구를 이해하려고 노력해봐.　Try to understand your friend.

친구들과 사이좋게 지내보렴.　Try to get along with your friends.

그래도 친구들을 선생님께 고자질하면 못 써.　Don't tell on your friends to the teacher, though. • tell on ~을 고자질하다

애들이 너를 고자질쟁이라고 할지도 몰라.　They might call you a tattletale.
• tattletale 수다쟁이, 고자질쟁이

지나랑 친해지고 싶어요.　I want to make friends with Jina.

몇몇 애들이 저를 괴롭혀요.　Some kids pick on me. • pick on ~을 괴롭히다

애들이 절 왕따시키는 것 같아요.　I feel like they are bullying me.
• bully 왕따시키다, 괴롭히다

네 스스로를 방어할 줄 알아야 해. | You need to learn how to defend yourself.
• defend 방어하다, 옹호하다

너희들은 싸우고 나서 더 좋은 친구가 될 수도 있어. | You guys could become better friends after fighting.

친한 친구끼리도 지켜야 할 예의가 있는 거야. | There are manners to keep even among close friends. • manners 예의

너는 사교성이 참 좋은 아이라 다행이야. | I am glad you're such a sociable child.
• sociable 사교적인

집단 괴롭힘

 너희 반에 널 괴롭히는 친구가 있니? | Does anyone from your class pick on you?

 지호가 자꾸 저를 괴롭혀요. | Jiho keeps bullying me.
• bully ~을 괴롭히다, 깡패, 못된 녀석

 어떻게 괴롭히는데? | How does he bully you?

 자꾸 저를 때려요. | He keeps hitting me.

자꾸 저를 놀려요. | He keeps teasing me. • tease 놀리다, 귀찮게 하다

다른 친구들한테 제 험담을 해요. | He says bad stuff about me to my other friends.

걔가 소리지르고 욕해요. | He yells and swears at me.
• yell 소리지르다 • swear 욕을 하다

걔 때문에 학교 가기 싫어요. | I don't want to go to school because of him.

다른 학교로 전학 가고 싶어요. | I want to transfer to another school.

 걔가 언제부터 그랬니? | Since when did he do that?
• Since when ~? 언제 이후로 ~?

학기 초부터요. — From the start of the school year.

 걱정 마라, 애야. 엄마가 도와줄게. — Don't worry, Sweetie. Mommy will help you.

선생님께 이 일을 말씀드려보자. — Let's talk to your teacher about it.

네가 대처하기 힘들었겠구나. — It must've been hard for you to deal with.
• deal with ~을 대처하다, 다루다

 친구들이 계속 지나를 괴롭혀요. — My friends keep picking on Jina.

 그럼 못 써. 너는 그러지 마라. 알겠지? — That's not very nice. You should not do that. Okay?

친구들이 그 아이를 괴롭히지 못하게 하렴. — Why don't you stop your friends from picking on her?
• stop A from -ing A가 ~하는 것을 막다

친구네 놀러 가기

 지나네 집에 놀러 가고 싶어요. — I want to go and play at Jina's house.

엄마, 친구네 집에 가서 놀아도 돼요? — Mom, can I go and play at my friend's house?

오늘 지수네 집에서 노는 날이죠? — Today is the day I am going to play at Jisu's house, right?

오늘 민주네 집에 가서 놀기로 약속했어요. — I promised to go and play at Minju's house.
• promise to ~하기로 약속하다

엄마도 아는 친구니? — Do I know her?

숙제 다 하고 가서 놀렴. — Go and play after you finish your homework.

그래? 민주 엄마도 그거 알고 계시니? — Really? Does Minju's mom know about that?

엄마가 걔네 집에 전화해볼게. — Mommy will call her house.

오늘은 수아가 시간이 없대.	Suah said she does not have time today.
가서 2시간만 놀다 오너라.	Go and play for two hours.
엄마가 2시간 후에 데리러 갈게.	I'll come and pick you up in two hours.
5시까지는 집에 돌아오렴.	Come home by 5 o'clock.
1시간 더 놀아도 돼요?	Can I play for one more hour?
남의 집에 너무 오래 있으면 안 돼.	You shouldn't stay at someone else's house for too long.
저녁 시간 되기 전에 집에 오너라.	Come home before dinner.
미나와 싸우지 말고 사이좋게 놀아라.	Don't fight with Mina and play nicely.
미나 엄마 말씀 잘 들어라.	Listen to Mina's mom.
미나 부모님께 예의 바르게 굴렴.	Be polite to Mina's parents.
친구네 전화번호 알려다오.	Give me your friend's number.
거기서 놀고 나서 깨끗이 정리해라.	Clean up after you play there.
걔더러 다음 번엔 우리집에 오라고 해.	Invite her to our house next time.
걔네 집 어질러놓지 마라.	Don't make a mess at her house.
행동 잘해라.	Behave yourself.
엄마, 이거 가져가도 돼요?	Mom, can I take this?
이거 가지고 가서 친구와 같이 먹어라.	Take this and eat it with your friend.
다녀오겠습니다.	Bye. See you later.
엄마가 거기까지 데려다주세요.	Mom, can you take me there?
그래, 엄마가 데려다줄게.	Sure, I will take you.
이따 데리러 오세요.	Please come to pick me up later.

• polite 예의 바른
• make a mess 어지럽히다

친구 집에서 자기

 토요일에 민수네 집에서 자면 안 돼요? Can I sleep over at Minsu's house on Saturday? • sleep over (남의 집에서) 자고 오다

토요일에 친구네서 자는 초대 받았어요. I'm invited to a sleepover on Saturday. • sleepover 밤샘 파티, 파자마 파티

 와, 파자마 파티구나! Wow, a pajama party!

걔네 부모님 허락은 받았니? Did you get his parents' permission? • permission 허락

 걔네 부모님께서 초대하신 거예요. His parents invited me.

 필요한 물건 다 챙겼니? Did you prepare all the things you need?

엄마 없이 잘 수 있겠어? Can you sleep without Mommy?

 엄마, 이제 저도 다 컸어요. Mom, I'm a grown-up now. • grown-up 성인

처음 친구 집에서 자는 거네. It's your first sleepover at your friend's house.

칫솔이랑 속옷 벌써 챙겼니? Did you prepare your toothbrush and underwear already?

민수 부모님 성가시게 하면 안 된다. 알지? Try not to bother Minsu's parents. Okay? • bother 성가시게 하다

시끄럽게 굴지 마라. Don't be too noisy. • noisy 시끄러운

늦잠 자면 안 된다. You should not sleep in. • sleep in 늦잠 자다

꼭 양치질하고 자렴. Be sure to brush your teeth before you go to bed.

밤샘 파티 재밌게 하렴! Have a fun sleepover!

정말 재미있을 것 같아요.   I think it's going to be really fun.

빨리 가고 싶어요! 정말 신나요.   I can't wait! I'm so excited.

엄마, 내일 봐요!   I'll see you tomorrow, Mom!

 무슨 일 있으면 전화해라.   If there's anything wrong, just call me.

Chapter 15 학교 공부

공부

공부할 시간이다! — It's time to study!

내일 배울 것 예습하렴. — Study ahead for tomorrow's lesson.

오늘 배운 것 복습하는 게 어떻겠니? — Why don't you review today's lesson?

수업시간에 선생님 말씀을 열심히 들으렴. — Listen to your teacher intensively during class. • intensively 집중적으로

공부를 자꾸 미루면 안 되는 거야. — You should not keep putting off your studies. • put off 연기하다, 미루다

문제집 다 풀었니?	Did you finish the workbook?
답지 보는 거 아니란다.	You should not be looking at the answer key.
공부하기 싫어요.	I don't want to study.
먼저 좀 쉬고 나서 공부해도 돼요?	Can I get some rest first and then study?
쉬어도 돼요?	Can I take a break?
오늘은 공부를 너무 많이 한 것 같아요.	I think I studied too much today.
공부는 꾸준히 해야 하는 거야!	Studying needs consistency!

• consistency 한결같음, 일관성

| 공부하는 게 재미있어요. | I find studying to be interesting. / I enjoy studying. |
| 수학 문제를 한 번 더 풀어봐야겠어요. | I think I need to solve the math problems one more time. |

• solve 풀다

| 틀린 문제들을 살펴보렴. | Check over the questions that you got wrong. |

• get wrong 틀리다

엄마, 이건 이해가 가지 않아요.	Mom, I don't understand this one.
좋아, 엄마가 도와줄게.	Okay, Mommy will help you.
그래, 이제 이해가 가니?	So, do you understand it now?
왜 같은 문제를 계속 틀리니?	Why do you keep getting the same question wrong?
꾸준히 공부하는 게 힘든 거 알아.	I know it's hard to keep on studying.
네가 열심히 공부하는 모습을 보니 정말 대견하다.	I'm very proud to see you studying hard.

시험

시험이 언제니?	When is your test?
시험범위 아니?	Do you know the test range? •range 범위
시험공부할 때는 벼락치기하면 안 된다.	You should not cram when studying for an exam. •cram 벼락치기 공부하다
다음 주부터 중간/기말고사 시작돼요.	The midterm/final exam will begin next week. •midterm exam 중간고사 •final exam 기말고사
이번 주는 중간/기말고사 기간이에요.	This week is the midterm/final period.
시험공부 열심히 하렴.	Study hard for your exam.
시험범위가 너무 많아요.	The test covers too many chapters.
시험 보려니 너무 떨려요.	I'm very nervous about taking the test. •nervous 긴장한
오늘 쪽지시험/단원평가 봤어요.	We had a quiz/chapter test today.
시험 잘 봤니?	Did you do well on your test?
시험 잘 본 것 같아요.	I think I did well on the exam.
망친 것 같아요.	I don't think I did well.
조금 어려웠어요.	It was a little hard. •hard 어려운
쉽긴 했는데 실수를 했어요.	It was easy, but I made a mistake. •make a mistake 실수하다
시간이 모자랐어요.	I did not have enough time.
실수로 두 문제 틀렸어요.	I got two questions wrong by mistake. •by mistake 실수로

아는 문제를 틀리면 안 되지. You shouldn't miss a question you know.
• miss 놓치다

틀린 문제들은 확인하고 넘어가자. Let's go over the questions you missed.
• go over 점검하다, 검토하다

네가 쓴 답을 차근차근 검토해보렴. Review your answers carefully.
• review 검토하다

답을 다시 검토해봐. Check over the answers to make double sure. • make double sure 확실하게 확인하다

시험 점수를 보면 네가 얼마나 공부했는지 알 수 있어. Your test score will reflect how much you studied. • reflect 반영하다, 비추다

자업자득인 거야. You get what you deserve. • deserve ~을 받을 만하다

너무 실망하지 마. 다음에 더 잘 보면 돼. Don't be so disappointed. You can do better next time. • disappointed 실망한

다음 번엔 더 잘 볼 거야. You'll do better next time.

최선을 다했으면 그걸로 된 거야. If you did your best, that's what counts.
• do one's best 최선을 다하다 • count 중요하다

내일 시험인데 어떻게 계속 놀기만 하니? How come you keep on playing around when you have a test tomorrow?

성적

 성적이 어떠니? How is your report card? • report card 성적표
⇨ 영미권 학교에서는 등수를 말하는 표현이 일상화되어 있지 않습니다.

 반/전교에서 1등 했어요. I am number one in my class/grade.

 반에서 10등 안에 들었어요. I am in the top 10 of my class.

10등 안에 못 들 것 같아요.	I don't think I can make it into the top 10. • make it 해내다, 성공하다
시험에서 몇 점 맞았니?	What score did you get on the test?
평균/총점이 어떻게 되니?	What's your average/total score?
성적이 어떨 것 같니?	What do you think your grade will be?
평균/총점이 82점이에요.	My average/total score is 82.
수학에서 90점 맞았어요.	I got a 90 in math. ⇨ 점수를 말할 때는 그냥 숫자를 쓰고, 그 앞에 부정관사(a, an)을 씁니다.
지나의 성적이 저보다 높아요/낮아요.	Jina's grade was higher/lower than mine.
성적이 올랐어요/떨어졌어요.	My grade went up/down.
전과 비교해서 성적이 10점 올랐어요/떨어졌어요.	Compared to before, my grade went up/down by 10 points.
수학 시험 점수 때문에 성적이 엉망이에요.	My grade is ruined because of my score on the math test. • ruin 망치다
전과목 올백 맞았어요.	I got a perfect score in every subject.
수학 100점 맞았어요.	I got a one hundred in math.
반에서 1등/꼴등할 것 같아요.	I think I will get the highest / lowest score in my class.
너무 속상해하지 마라.	Don't be too upset.
친구들과 비교하지 마.	Don't compare yourself with your friends. • compare A with B A와 B를 비교하다
최선을 다했다면 그걸로 족한 거야.	If you tried your best, then that's all that matters. • matter 중요하다, 문제되다
공부 방법이 잘못된 건지도 몰라.	Your studying habits may be wrong.

| 다음 시험에서는 반에서 1등할 거예요. | I'm going to be the top student in my class on the next exam. |

| 음, 이번에 최선을 다했는데. | Well, I tried my best this time. |
| 죄송해요. 실망하셨지요? | I'm sorry. Did I make you disappointed? |

음, 사실 네 점수 꽤 잘 나온 거야.	Well, your score is actually pretty good.
다음 번에는 분명 더 잘할 수 있어, 그렇지?	I'm sure you can do better next time, right?
아주 열심히 공부하더니만, 네 시험 점수 좀 봐!	You studied so hard, and now look what you got on your test!
성적이 약간 좋아졌어.	Your grades improved a bit. • improve 향상하다
많이 향상된 것 같구나.	It seems like you've made a lot of progress. • make progress 발전하다
이번에 많이 향상돼서 참 기쁘구나.	I'm very glad that you improved a lot this time. • improve 향상되다
좀 더 열심히 해야 할 것 같구나.	I think you need to try harder.
너무 자만하면 안 된단다.	Don't be too proud of yourself.
열심히 노력하면 좋은 점수를 받을 수 있을 거야.	If you try hard, you can get good grades.
시험 볼 때는 집중해야 해.	You need to focus when you're taking a test. • focus 집중하다
수업 땐 잘했는데 시험을 망쳤구나.	You've done well in class, but you did badly on the test.

| 몇 문제 틀렸다고 내가 공부 안 하는 아이예요? | Just because I got a few questions wrong, does that make me a lazy student? • lazy 게으른 |
| 그건 공평하지 않아요. | That's not fair. • fair 공평한 |

그러니까 문제 하나하나에 집중해야지. That's why you need to pay attention to each problem. • pay attention to ~에 집중하다

결과가 어떻든 엄마는 너를 사랑한단다, 애야. Whatever the result, I love you, Honey.

 열심히 노력할게요. I'll try hard.

시험을 잘 못 봤어요. I didn't do well on the test.

다음에는 실수 안 할게요. I won't make any mistakes next time.

상 받기

 제가 상을 받았어요. I received an award. • award 상

제가 대상/우수상을 받았어요. I got the grand prize/second prize.

반/학교 대표로 상을 받았어요. I got an award for being a class/school representative. • representative 대표

교장선생님이 조회 때 상을 주셨어요. The principal gave out the award during the school assembly. • assembly 회의

전교생 앞에 서서 상을 받았어요. I stood in front of the whole school and got an award.

 상 받으러 앞으로 나갔어? Did you go up to the front to get the award?

 저 이번 학기에 우등생이 되었어요. I am on the honor roll this semester. • honor roll 우등생 명단

상을 받아서 기분이 너무 좋았어요. I was so happy because I got the award.

상장하고 메달/트로피를 받았어요. I got a certificate for the award and a medal/trophy. • certificate 증서

저도 상을 받고 싶어요.	I want to receive an award, too.
상 받기 위해 최선을 다할 거예요.	I will try my best to get an award.
장학금도 주셨어요.	They even gave me a scholarship. • scholarship 장학금
우리 반에서 두 명만 받은 상이에요.	It's an award given to only two students in our class.
제가 상 받으니 기분 좋으시죠?	You're happy because I got the award, aren't you?

 너무 좋아서 말도 안 나와, 얘야! — I can't tell you how happy I am, Honey!

 제가 꼭 받고 싶었던 상이에요. — This is the award that I really wanted.

금메달을 받고 싶었는데. — I wanted the gold medal.

동메달을 받아서 약간 아쉬웠어요. — I wasn't satisfied a bit by receiving the bronze medal.

 상장을 벽에 걸자. — Let's put the certificate for the award up on the wall.

네가 정말 자랑스럽구나. — I'm really proud of you.

방학

 여름/겨울방학이 언제 시작하니? — When does your summer/winter vacation begin?

방학 동안 어디 가고 싶은 곳이 있니? — Do you have any place that you want to visit?

방학 동안 뭘 하면 좋을까? — What do you think is good to do during vacation?

방학이 얼마 동안이니?	For how long does your vacation last?
한 달이 넘어요.	It's over a month.
방학 동안 수영 배우고 싶어요.	I want to learn swimming during the vacation.
방학이니 할머니 댁에 다녀오자.	Let's visit your grandma's house since it's your vacation.
학교 안 간다고 늦잠 자면 안 된단다.	You should not oversleep just because you don't go to school. • oversleep 늦잠 자다
방학 생활계획표를 짜보자.	Let's make a day planner for your vacation.
숙제 미루면 안 돼.	You should not put off your homework. • put off 미루다, 연기하다
그냥 방학 내내 쉬고 싶어요.	I just want to rest for the whole vacation.
방학이 너무 짧아요.	The vacation is too short.
방학숙제가 뭐니?	What's your vacation homework?
일기 쓰기, 책 읽기, 편지 쓰기, 독서 감상문 쓰기요.	I have to keep a diary, read some books, write a letter, and write some book reports.
언제 개학하니?	When does school start again? / When do you go back to school?
개학 안 하면 좋겠어요.	I don't want school to start again.
방학숙제 다 했니?	Are you finished with all of your vacation homework?
며칠 있으면 개학인데.	School will start after a few days.
아직 다 못했어요.	I'm not finished with it yet.
미루면 안 된다고 했잖아.	I told you not to put it off. • put off 미루다, 연기하다

Chapter 16 학교 행사

소풍/현장학습

	소풍 날까지 며칠 남았어요?	How many days are left till the field trip day? • field trip 소풍, 현장학습
	딱 이틀 더 남았어.	You only have two more days to go.
	야! 이틀만 있으면 소풍 간다!	Yay! I'm going on a field trip in two days!
	정말 좋겠네!	You must be really happy!
	언제 소풍 가니?	When is your field trip?

	다음 주 금요일에 가요.	We are going next Friday.
	어디로 소풍을 가니?	Where are you going for your field trip?
	동물원으로 가요.	We are going to the zoo.
	중앙공원으로 갈 거예요.	We'll be going to Central Park.
	빨리 소풍 갔으면 좋겠어요!	I can't wait to go on the field trip!
	소풍 날이 빨리 오면 좋겠어요.	I want the field trip day to come faster.
	도시락으로 뭘 싸줄까?	What do you want for your lunch?
	엄마, 김밥 싸주세요.	Mom, please make me some kimbap.
	엄마, 선생님 도시락도 싸주세요.	Mom, can you make lunch for my teacher, too?
	간식은 뭘 싸줄까?	What do you want for a snack?
	포도랑 과자요.	I want some grapes and cookies.
	친구들과 음식 나눠 먹을 거니까 많이 싸주세요.	I want to share my food with my friends, so please pack a lot.
	비가 오면 어쩌죠?	What if it rains? • What if~? ~하면 어쩌지?
	걱정 마라. 날씨가 좋다고 했어.	Don't worry. The weather will be nice, they say.
	선생님이 소풍 날에는 체육복 입고 오랬어요.	My teacher told me to wear my gym clothes on the field trip day.
	장기자랑 연습해야 해요.	I have to practice for a talent show. • talent 재능
	장기자랑에서 뭘 할 건데?	What are you going to do at the talent show?
	소풍 가방 다 챙겼니?	Did you finish packing for your field trip? / Did you put everything in your backpack?
	버스 타기 전에 멀미약 먹으렴.	You should take a pill for nausea before riding on the bus. • nausea 메스꺼움

항상 선생님 잘 따라다녀야 해.	Make sure you follow your teacher all the time.
선생님 말씀 잘 듣고 행동 잘해라.	Be sure to listen to your teacher and behave well.
해가 쨍쨍할 테니 모자 꼭 쓰고 가.	It will be sunny, so be sure to wear a cap.
학교에 언제 다시 도착하니?	When do you arrive back at your school?
엄마가 거기서 기다릴게.	I will wait for you there.
소풍 어땠어? 재미있었니?	How was your field trip? Was it fun?
또 가고 싶어요!	I want to go again!
엄마, 김밥 정말 맛있었어요.	Mom, the seaweed rolls were so delicious.

• seaweed 김, 해조류

운동회

너는 청군이니, 백군이니?	Are you on the blue or the white team?
백군이에요.	I'm on the white team.
백군은 흰색 티셔츠를 입어야 해요.	The white team should wear white shirts.
팀은 어떻게 나눴어?	How did you divide up the teams? • divide up 나누다
반 별로 팀을 나눴어요.	The teams are grouped by classes. • group (그룹으로) 나누다
내가 반대표로 계주에 나가요.	I'm the class representative for a relay. • representative 대표
엄마, 저 응원해주셔야 해요.	Mom, you have to cheer for me. • cheer 응원하다

	운동회에서 어떤 경기를 하니?	What kind of sporting events will be played on field day?
	줄다리기랑 박 터뜨리기를 해요.	We'll be playing tug-of-war and popping the ball. • tug-of-war 줄다리기 • pop 터뜨리다
	달리기랑 홀라후프 굴리기도 해요.	We'll also have a running race and a hula hoop rolling race.
	엄마도 줄다리기 할 거야.	I will participate in tug-of-war. • participate 참가하다
	엄마, 꼭 이겨야 해요.	Mom, you have to win.
	어떤 게임이 제일 재미있었니?	What game was the most fun for you?
	박 터뜨리기가 제일 재미있었어요.	I liked popping the ball the most.
	만세! 우리가 이겼다!	Hooray! We won!
	엄마, 저 달리기에서 1등 했어요.	Mom, I won the running race.
	축하한다!	Congratulations!
	올해는 청군이 이겼어요.	The blue team won this year.
	우리 팀이 져서 아쉬워요.	I'm sad because our team lost.
	그런데 너 아주 잘 뛰었어.	But you ran really well.
	이겼다면 더 좋았겠지만 져도 괜찮아.	It would have been nicer if you had won, but it's okay to lose.
	이긴 팀을 축하해줄 수 있어야 해.	You should be able to congratulate the winners.
	졌더라도 말이에요?	Even after you lose to them?

건강검진

 학교에서 건강검진을 받으래요. — The school told me to get a medical examination. • medical examination 건강검진

다음 주까지 해야 해요. — I have to do it by next week.

 오늘은 건강검진하는 날이구나. — Today is the day of your medical examination.

 어느 병원으로 가야 돼요? — What hospital should we go to?

건강검진 할 때 주사도 맞아요? — Do I get a shot when I get the medical examination? • get a shot 주사 맞다

 간단한 검사만 할 거야. — We'll have just a simple checkup.

와, 우리 아들/딸 많이 컸네. — Wow, my boy/girl has grown up a lot.

키가 5cm 더 컸네. — You've grown 5cm more.

몸무게가 5kg 늘었네. — You've gained 5kg.

구강검진/신체검사/시력검사를 해야 한단다. — You have to get a dental/physical/an eye checkup. • dental 이의, 치과의 • physical 신체의

어금니가 썩어서 치과에 가야겠네. — You have to go to the dentist because your back tooth has a cavity. • back tooth 어금니 • cavity 충치

시력이 좋지 않아서 안경을 써야 돼. — Since your eyesight is bad, you need to wear glasses. • eyesight 시력

 엄마, 제 혈액형 뭐예요? — Mom, what's my blood type?

 A형이란다. — Your blood type is A.

엄마가 네 문진표를 작성해줄게. — Let me fill out your medical record for you. • fill out (서류를) 작성하다 • medical record 진료기록

	간호사가 네 체온을 잴 거야.	The nurse will take your body temperature. • body temperature 체온
	간호사가 네 혈압도 잴 거야.	The nurse will take your blood pressure, too. • blood pressure 혈압
	이 컵에다 소변을 받아야 해. 할 수 있지?	You need to fill this cup with urine. Can you do it? • urine 소변
	엄마, 나 다 정상이에요?	Mom, is everything normal with me? • normal 정상적인
	물론이지! 넌 건강한 아이야.	Absolutely! You are a healthy child.
	이상이 있으면 알려줄 거야.	They will let you know if there's anything wrong with you.

공개수업

	다음 주 수요일에 공개수업이 있어요.	There is an observation class on next Wednesday. • observation 관찰
	여기 그것에 대한 안내문 있어요.	Here's the announcement letter about it.
	우선 강당으로 오셔야 해요.	You have to be in the auditorium first. • auditorium 강당
	수업이 무척 보고 싶구나.	I can't wait to see the class.
	정말 미안하지만, 못 갈 것 같아.	I'm really sorry, but I don't think I can make it.
	엄마, 제시간에 오세요.	Mom, please come on time. • on time 제시간에
	엄마, 저 어땠어요? 잘했어요?	Mom, how did I do? Did I do well?
	엄마가 오셔서 수업할 때 너무 신났어요/ 떨렸어요.	I was so excited/nervous during the class because you were there.

애야, 네가 정말 자랑스러웠어. 발표도 아주 잘하고! | I was so proud of you, Sweetie. You were so well spoken! • well spoken 말이 유창한

안 갔으면 그 모습을 못 볼 뻔했잖아. | I would have missed the scene if I hadn't been there. • would have 과거분사 ~했을 것이다

 엄마가 못 오셔서 속상했어요. | I was sad that you couldn't come.

 다음에는 꼭 간다고 약속할게. | I promise that I will go next time.

경시대회

 영어 말하기 대회에 참가하고 싶어요. | I want to participate in the English-speaking competition. • competition 대회

저 수학경시대회에 나가게 되었어요. | I'm competing in the math competition. • compete 겨루다, 경쟁하다

 굉장한데! 그런 일에 뽑히다니 대단한 영광이야. | Great! It's a great honor to be chosen for that. • honor 영광, 영예

경시대회 준비는 잘 되어가니? | How's the preparation for the competition going? • preparation 준비

 경시대회 대비 문제집을 풀어야 해요. | I have to work on some workbooks designed for the contest. • designed for ~을 위해 만들어진

그리기 대회가 있어요. 제가 읽은 책에 대해 그리는 거예요. | There is a drawing competition. The drawings should be about the books I read.

 무슨 책에 대해 그릴 거야? | What book will your drawing be about?

 제가 반/학교 대표로 백일장에 나가요. | I'm the class/school representative in the essay contest. • essay contest 백일장

제가 금상/1등상을 받았어요. | I won the gold medal/first prize.

축하해! 메달 좀 보자.   Congratulations! Let me see the medal.

 경시대회 시상식이 있었어요.   There was an awards ceremony for the competition.   • awards ceremony 시상식

제가 대표로 앞에 나가서 상을 받았어요.   I went up to the front and got a prize as the representative.

이번 경시대회에는 참가하지 않을래요.   I don't want to participate in the contest this time.

준비가 덜 된 것 같아요.   I don't think I'm prepared enough.

 참가하는 것만도 의미가 있어.   Participating itself is a meaningful effort.
• meaningful 의미 있는

학부모 면담

 내일 학부모 면담이 있어요.   There's a parent-teacher conference tomorrow.   • conference 회의

1시까지 교실로 가시면 돼요.   You can come to the classroom by 1 o'clock.

 네가 학교생활 어떻게 하고 있는지 물어봐야겠네.   I'm going to ask about how you're doing at school.

 내일 예쁘게 하고 오셔야 해요, 엄마!   Be sure to look pretty tomorrow, Mom!

선생님이 엄마한테 뭐라고 하실까요?   I wonder what the teacher will say to you.

엄마가 선생님이랑 면담하는 동안 저 어디서 기다려요?   Where should I wait while you have a talk with my teacher?

 엄마가 선생님과 이야기할 동안 넌 도서관에 가 있는 게 어떻겠니?   Why don't you go and stay in the library while I talk to your teacher?

 엄마, 선생님이 무슨 말씀하셨어요?   Mom, what did the teacher say?

선생님께서 우리 아들이 아주 모범생이라고 그러시더라.	The teacher told me that my son is such a model student.
네가 친구들과 아주 잘 지낸다는 얘길 들어서 기분 좋았단다.	I was happy to hear that you're getting along with your friends very well.
네가 수업시간에 집중을 잘한대.	She said that you concentrate well in class. • concentrate 집중하다
네가 학교생활 잘하고 있다는 소리를 들으니 아주 안심이네.	It's such a relief to hear that you're doing great in school. • relief 위안, 안심
네가 항상 아주 적극적이고 의욕적이라고 말씀하셨어.	She told me that you are always very active and enthusiastic. • enthusiastic 의욕적인
선생님이 참 좋으시더구나.	Your teacher is really nice.
선생님께서 좋은 말씀 많이 해주셨어.	She told me a lot of nice things.
선생님께서 네 칭찬을 많이 하셨어.	She said a lot of nice things about you.
선생님께서 네가 자신감이 좀 더 필요하대.	The teacher told me that you need more confidence. • confidence 자신감
네가 수업 중에 산만한 편이라고 하시네.	She said you are likely to get distracted during class. • be likely to ~한 것 같다 • distracted 산만한
선생님께서 네가 친구들과 자주 다툰다고 걱정하셨어.	She was worried that you often argue with your friends.

죄송해요. 다시는 안 싸우도록 노력할게요. | I'm sorry. I will try not to fight again.

개교기념일

개교기념일이 언제니? | When is the school's foundation day?
• foundation 설립

9월 5일이에요. — It's September 5.

내일은 우리 학교 개교기념일이에요. — Tomorrow is our school's foundation day.

개교기념일이 뭐예요? — What is a school's foundation day?

학교가 처음 문을 연 날이야. — It's the date when your school first opened.

개교기념일엔 학교에 가지 않는단다. — You don't go to school on the school's foundation day.

매일 개교기념일이면 좋겠어요. — I hope that every day is a foundation day.

학교가 얼마나 됐니? — How old is your school?

학교가 20번째 기념일이니까 지금 스무 살이에요. — Since it's the 20th anniversary of our school, it's twenty years old now.

학교가 지어진 지 20년이나 되었구나. — It's been twenty years since your school was founded.   • found 설립하다, 세우다

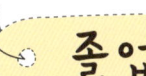

졸업

 벌써 졸업이구나. — It's already graduation.   • graduation 졸업

우리 아들이 벌써 졸업하다니 믿기지가 않네! — I can't believe that my son is already graduating!

세월 정말 빠르다. — Time flies.

네가 태어난 게 엊그제 같은데 말이야. — It feels like yesterday when you were born.   • feel like ~같다

졸업 축하해! — Congratulations on your graduation! / Happy graduation!

졸업식 몇 시에 시작하니? — What time does the ceremony start?

졸업식에 할머니랑 할아버지도 오실 거야.	Your grandma and grandpa will come to your graduation ceremony.
네 졸업식 날이니 멋지게 하고 가야지.	Since it's your graduation day, you have to look great.
선생님께 이 꽃다발 전해드려라.	Please give these flowers to your teacher.
선생님께 감사하다고 잊지 말고 꼭 말씀드려.	Don't forget to say thank you to your teacher.
엄마도 선생님께 감사인사 드려야겠다.	I think I should say thank you to your teacher, too.
졸업식 할 때 눈물 날 뻔했어요.	I almost cried during the graduation ceremony.
친구들이/학교가 많이 그리울 것 같아요.	I think I will miss my friends/school a lot.
여기 꽃다발 받아.	Here are some flowers for you.
친구들하고 사진 찍어줄게.	Let me take a picture of you with your friends.
맛있는 거 먹으러 가는 게 어때? 특별한 날이니까!	Why don't we go to eat some delicious food? It's a special day!
와, 이제 중학생이 되는구나!	Wow, now you are a middle school student!
그동안 학교생활 아주 잘했어.	You've done a great job in school.
정말 수고했어.	I really appreciate your hard work.

미국 어린이들의 특별한 날

친구 집에서 자고 와도 돼요? - Sleepover

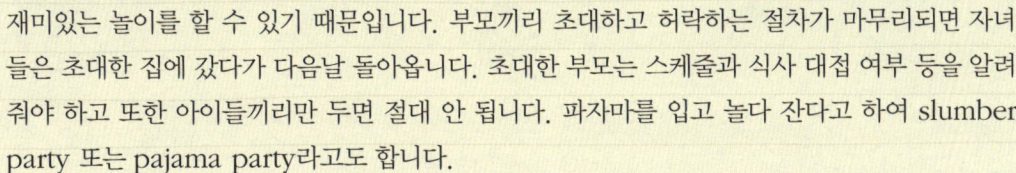

초등 어린이들 사이에 sleepover는 아주 특별한 날입니다. 친한 친구 집에 가서 하룻밤을 보내고 오는 것인데 밤 늦게까지 재미있는 놀이를 할 수 있기 때문입니다. 부모끼리 초대하고 허락하는 절차가 마무리되면 자녀들은 초대한 집에 갔다가 다음날 돌아옵니다. 초대한 부모는 스케줄과 식사 대접 여부 등을 알려줘야 하고 또한 아이들끼리만 두면 절대 안 됩니다. 파자마를 입고 놀다 잔다고 하여 slumber party 또는 pajama party라고도 합니다.

★ 흔히 쓰는 회화문

- 엄마, 저번에 오늘 지나네 집에서 자도 된다고 하셨죠?

  Mom, last time you told me that I could sleep over at Jina's house, right?

- 그래, 그랬지. 지나 어머님께 허락은 받았니?

  Yes, I did. So did you get her parent's permission? • permission 허락

- 네. 괜찮다고 하셨어요.

  Yes. She said it's fine.

- 그럼 일단 필요한 물건부터 다 챙기렴. 칫솔은 잊지 말고 꼭 챙기고.

  Okay, then. Why don't you pack the things that you will need? Don't forget your toothbrush.

- 지나네 가서 얌전하게 굴어라. 너무 떠들지 말고. 뛰어다니는 것도 안 된다. 알았지?

  Behave well at Jina's home. Don't be too noisy. Do not run around inside her house. Okay?

- 지나 부모님 말씀 잘 듣고.

  Listen to Jina's parents.

- 엄마 없이도 잘 자. 즐겁게 잘 놀다 오렴.

  Sleep well without Mommy. Have a very nice and fun sleepover!

Part 3

주말과 기념일 회화

Chapter 17 주말·휴일 즐기기
Chapter 18 오늘은 특별한 날
Chapter 19 가족과 동네 한바퀴
Chapter 20 여행 떠나기
Chapter 21 교통수단

Chapter 17 주말·휴일 즐기기

Mom, what day is it today?

It's Saturday. You can sleep more.

주말 보내기

어서 주말이 됐으면 좋겠어요.	I can't wait for the weekend to begin.
신나는 주말이네요.	It's an exciting weekend.
휴일은 즐거운 날이야.	Holidays are fun.
학교에 안 가기 때문에 주말이 좋아요.	I love weekends because I don't have to go to school.
내일부터 주말이구나.	It's going to be the weekend tomorrow.

유치원은 토요일과 일요일에는 안 가도 된단다.	You don't have to go to school on Saturdays and Sundays.
주말은 가족과 함께 보내는 거야.	You spend the weekends with your family.
친구들한테 주말 잘 지내라고 인사하렴.	Tell your friends to have a good weekend.
주말 잘 보내라!	Have a good weekend!
매일 주말 같았으면 좋겠어요.	I wish every day were like the weekend.
학교 안 가도 되잖아요. 그렇죠?	I don't have to go to school, do I?
학교 안 가면 친구들을 만날 수 없잖아.	You can't meet your friends if you don't go to school.
이번 주말에는 우리 어디 가요?	Are we going somewhere this weekend?
박물관에 갈 거야.	We will go to a museum.
미술관에 가고 싶어요.	I want to go to an art museum.
우리도 채소 기르게 주말농장 가질 수 없나요?	Can't we own a weekend farm so that we can grow vegetables? • own 소유하다
엄마, 이번 주말에는 놀이공원 가요.	Mom, let's go to the amusement park this weekend.
주말에 여행 가면 안 돼요?	Can we go on a trip during the weekend?
주말에는 학원에서 보충수업이 있단다.	You have a makeup lesson on the weekend at hagwon. • makeup 보충
벌써 일요일이네.	It's already Sunday.
주말이 끝나가는구나.	The weekend is coming to an end.
내일부터는 새로운 한 주가 시작되네.	A new week is going to start tomorrow.
연휴가 시작되는구나!	The long holiday is going to start! • long holiday (주말과 공휴일이 이어진 3일 이상의) 연휴

	공휴일이 주말에 있네.	The holiday falls on a weekend. • fall on (날짜가) ~에 해당하다
	아무 한 일도 없이 주말이 지나갔어요.	I wasted my weekend doing nothing.

아빠 깨우기

	아빠, 일어나세요!	Get up, Dad!
	눈 떠보세요.	Open your eyes.
	아빠가 너무 피곤하구나.	Daddy's too tired.
	조금만 더 잘게.	I'm going to sleep a little more.
	공원에 가기로 약속하셨잖아요.	You promised to go to the park.
	얘야, 아빠 좀 살려주렴.	Give me a break, Sweetie.
	엄마랑 가면 안 될까?	Can't you go with Mom?
	싫어요. 아빠랑 가고 싶어요.	No, I want to go with Daddy.
	주말엔 함께 놀아주셔야죠.	You need to play with me on weekends.
	아빠가 안 일어나세요.	He won't get up.
	아빠가 일어나실 때까지 기다릴게요.	I'll wait until he gets up.
	아빠 점심 드시라고 깨워주겠니?	Can you wake Daddy up for lunch?
	아빠가 깰 때까지 가서 간지럼 태워.	Go tickle Dad till he wakes up. • tickle 간지럼 태우다
	아빠, 일어나세요. 운동하러 가요.	Dad, wake up. Let's go to exercise.
	아빠랑 놀 수 있으면 얼마나 좋을까.	I wish I could play with Dad.
	아빠랑 축구 하는 애들이 부러워요.	I'm jealous of the kids who play soccer with their dads. • jealous of ~이 부러운

	아빠랑 있고 싶어요. 얼른 일어나서 놀아요.	I want to be with Dad. Get up, and then let's play.
	아빠가 많이 피곤하신 모양이다.	Daddy looks really tired.
	그냥 둬. 조금 더 주무시게 하렴.	Just leave him. Let him sleep more.
	아빠가 어젯밤 늦게까지 일해서 피곤하셔.	Daddy's tired because he worked late last night.
	아빠가 도저히 눈도 뜰 수 없으신가 봐.	It looks like Dad can't even open his eyes.
	아빠는 쉬는 날엔 늘 잠만 자요.	Dad always sleeps on weekends/holidays.
	어떻게 아빠는 한낮에 일어나세요?	How come Dad got out of bed at midday? • How come ~? 왜 ~? • midday 한낮

빈둥거리기

	이번 주말에는 쉬면서 재충전을 해야겠다.	We'll rest and refresh ourselves this weekend. • refresh 기운나게 하다, 상쾌하게 하다
	만사가 다 귀찮구나.	I don't want to do anything.
	좋아요. TV 봐도 돼요?	Fine. Can I watch TV?
	엄마, 저 방해하지 마세요.	Don't bother me, Mom. • bother 성가시게 하다
	점심은 외식하자.	Let's eat out for lunch.
	모두 같이 누워서 빈둥대고 있는 거야?	Are you all lying down together doing nothing?
	오늘은 게으름피우기만 할 거니?	Are you just going to be lazy today?
	네 맘대로 하고 싶은 것 해.	Do whatever you want. • whatever ~하는 것 무엇이든지

	좀 지루해요.	It's kind of boring.
	시간이 너무 안 가네.	Time goes by so slowly. • go by (시간이) 지나가다
	벌써 저녁이네. 한 것도 없는데.	It's already evening, and we haven't done anything.
	아무튼 집에 있는 게 최고야.	Being at home is best anyway.
	이제 그만 빈둥거리자고.	Let's stop being lazy.
	이제 정말 뭐 좀 해볼래?	Want to actually do something now?

쇼핑하기

	엄마 백화점에 갈 거야.	Mommy's going to the department store.
	저 쇼핑몰에 데려 가세요	Can you take me to the mall? • mall 상점가
	아빠가 엄마한테 선물 사주신대.	Daddy's going to buy me a gift.
	아빠 생일이라 백화점에서 선물 샀어.	It's dad's birthday so I got him a gift at the mall.
	엄마 푸드코트 언제 가요?	Mom, when can we go to the food court?
	주말에 가서 쇼핑하고 점심 먹자.	Let's go shopping on weekend and eat lunch there.
	아빠, 쇼핑몰에 같이 가요.	Let's go to the mall, Dad.
	이번 주말에는 아웃렛 몰에 가자.	Let's go to the outlet mall this weekend.
	아웃렛에 가서 겨울잠바 사자.	Let's buy a winter jacket at the outlet mall.
	엄마, 나 사고 싶은 신발 있어요.	Mom, there are a pair of shoes I want to buy.

그 가게 어디인지 네가 찾아봐. — Find out where that store is.

엄마는 주로 홈쇼핑에서 싼 거 사. — I usually buy things through the home shopping channel.

 그래서 매일 택배 아저씨가 와요. — That's why a delivery person comes every day.

 마트에 가서 장을 봐야겠다. — I should get groceries from the supermarket.
- groceries 찬거리

대형 마트에 오면 살 게 많아. — There are a lot of things to buy at the big grocery store.

 엄마, 이거 원플러스원이에요. — Mom, this is buy one get one free.
- buy one get one free 하나 사면 하나 더 주는 상품

 대형 마트에 오면 돈을 많이 쓰게 돼. — I spend a lot of money at the big grocery store.

 그래도 쇼핑은 참 즐거워요. — Nonetheless, shopping is still fun.
- nonetheless 그럼에도 불구하고

주말 계획 짜기

 이번 주말에 뭐 하고 싶니? — What do you want to do this weekend?

이번 주말에 물놀이 공원에 갈까? — Want to go to the water park this weekend?

이번 주말에 동물원에 갈까? — Want to go to the zoo this weekend?

이번 주말에 박물관에 가볼까? — Want to go to the museum this weekend?

이번 주말에 영화 보러 갈까? — Want to go to watch a movie this weekend?
- watch a movie 영화 보다

영화 보여주세요. — Please take me to movies.

이번 주말에 어디 놀러 가요. — Let's go somewhere this weekend.

친구가 농촌 체험 다녀왔대요. — My friend went on a farm stay.

이번 주말엔 할아버지 댁에 갈 거야. We're going to Grandpa's this weekend.

신나는 주말이 될 거야. It will be an exciting weekend.

여행 계획을 짜보자. Let's work out our vacation plan.
• work out (계획 등을) 세우다

가장 보고 싶은 게 뭐니? What do you want to see the most?

 거기에 늘 가보고 싶었어요. I've always wanted to go there.

휴가 계획 짜기

 여름 휴가가 다가오는구나. Summer break is coming up.
• break 휴가, 휴식 • come up 다가오다

 이번 휴가는 며칠이에요? How long is this vacation?

 4박 5일이야. It's 4 nights and 5 days.

이번 휴가를 잘 보낼 수 있겠어. I think we can spend this vacation well.

이번 휴가엔 바닷가에 갈 거야. We're going to the beach this vacation.

경주에 역사 체험을 가는 것도 좋을 것 같아. It will be nice to go to a Gyeongju historic event.
• historic 역사적인, 역사의 • event 행사

아빠의 휴일 근무

 아빠 출근하셨어요? Did Dad go to work yet?

 할 일이 많아서 출근하셨어. He went to work because he had a lot to do.

오후에는 오실 거야. He'll be back in the afternoon.

전화해서 아빠한테 빨리 오시라고 해보렴. Call and ask Daddy to come home soon.

 아빠, 어디 가세요? Where are you going, Dad?

 회사에 좀 나가봐야겠다. I have to go to work.

 저랑 놀아준다고 하신 것 같은데. I thought you said you would play with me.

 미안하구나. 다음에 놀자꾸나. I'm sorry. Maybe next time.

아빠 회사에 늦었어. Dad's late for work.

가봐야겠다. I need to go.

 저도 따라가면 안 돼요? Can I go with you?

 안 돼. 엄마랑 있으면서 아빠 기다리렴. No, you can't. Stay with Mommy and wait for me.

근데 아빠가 빨리 온다고 약속할게. I promise to hurry back, though. • though 하지만

 왜 아빠는 주말에도 회사 가야 해요? Why does Daddy have to go to work on weekends?

 우리 가족을 위해서 그러시는 거야. He's doing it for our family.

 ## 국경일

 3월 1일은 휴일이야. March 1 is a holiday.

3월 1일은 1919년 독립운동을 기념하는 날이야. March 1 is the day when we honor the independence movement of 1919.
• honor 기리다, 기념하다 • independence movement 독립운동

한국인들이 일제강점기에 나라의 자유를 위해 싸웠어. Koreans fought for the liberty of the nation during the Japanese occupation.
• liberty 자유 • occupation 점령

우리에게 이런 슬픈 역사가 있었다는 걸 잊으면 안 돼.	Don't forget the sad history that we had before.
4월 1일은 만우절이야.	April 1 is April Fools' Day.
만우절에 약간의 농담은 괜찮아.	Just some jokes are fine on April Fools' Day.
하지만 남을 너무 심하게 놀리는 건 문제야.	But making fun of others too much is a problem. • make fun of ~을 놀리다
4월 8일은 부처님이 탄생하신 날이야. 크리스마스처럼 휴일이야.	April 8 is the day Buddha was born. It's a holiday like Christmas. • be born 태어나다
많은 한국 사람들이 석가의 탄생을 축하하지.	A lot of Koreans celebrate Buddha's birth. • celebrate 축하하다, 기념하다
5월 1일은 근로자의 날이야.	May 1 is Labor Day.
5월 5일은 어린이날이야.	May 5 is Children's Day.
모든 어린이들에게 가장 행복한 날이지.	It's the happiest day for all of the children.
5월 8일은 어버이날이야.	May 8 is Parents' Day.

국경일의 영어 명칭

- 삼일절 Independence Movement Day
- 식목일 Arbor Day
- 어버이날 Parents' Day
- 석가탄신일 Buddha's Birthday
- 제헌절 Constitution Day
- 근로자의 날 Labor Day
- 개천절 National Foundation Day
- 만우절 April Fools' Day
- 어린이 날 Children's Day
- 스승의 날 Teacher's Day
- 현충일 Memorial Day
- 광복절 Independence Day
- 국군의 날 Armed Forces Day
- 한글날 Hangul Proclamation Day

5월 15일은 스승의 날이야.	May 15 is Teacher's Day.
선생님께 작은 선물과 감사카드를 갖다 드리렴.	Bring a little present and a thank-you note to your teacher. • thank-you note 감사편지, 감사카드
6월 6일은 현충일이야.	June 6 is Memorial Day.
국가를 위해 헌신한 조상님들의 희생을 기억해야 해.	We should remember our ancestors' sacrifices for our nation. • ancestor 조상 • sacrifice 희생
8월 15일은 광복절이야.	August 15 is Independence Day.
우리는 1945년 8월 15일에 일본 지배로부터 자유를 찾았어.	We got our freedom from Japanese rule on August 15, 1945. • freedom 자유
7월 17일은 제헌절이야.	July 17 is Constitution Day.
그날 독립국이 되어 헌법을 제정한 것을 기념하는 거야.	We celebrate our national laws that were founded when we were an independent nation on that day. • independent 독립의
12월 25일은 예수님의 탄생일인 크리스마스야.	December 25 is Christmas, the birthday of Jesus.
법정 공휴일에는 학교에 안 가도 된단다.	You don't have to go to school on national holidays.

교회

우리는 기독교인이야.	We are Christians.
우리는 일요일에 교회에 간단다.	We go to church on Sundays.
예배 드리러 가자.	Let's go to the service. • service 예배
예배시간에 늦겠다.	We're going to be late for the service.

예배시간에 떠들면 안 돼.	Don't talk during the service.
기도 드리자.	Let's pray. •pray 기도하다
주기도문을 외우자.	Let's say the Lord's Prayer.
사도신경을 외우자.	Let's say the Apostle's Creed.
헌금 준비했니?	Did you get the offering? •offering 헌금, 헌납
십일조를 바쳐야 해.	We should tithe. •tithe 십일조 헌금(하다)
목사님께 인사 드려.	Say hello to our pastor. •pastor 목사
예수님은 십자가에 못 박혀 돌아가셨어.	Jesus was nailed to the cross and died. •nail 못으로 박다 •cross 십자가
나는 주일학교에 갈게요.	I'll go to Sunday school.

성당

우리는 천주교인이야.	We are Catholics.
성당에 가자.	Let's go to the cathedral. •cathedral 대성당
미사 드리러 가자.	Let's go to mass. •mass 미사
미사에 늦지 말아야지.	Don't be late for mass.
미사보를 쓰렴.	Wear your veil to mass.
조용히 해! 신부님께서 강론하신다.	Be quiet! The priest is preaching. •priest 사제, 신부 •preach 설교하다
묵주기도를 드리자.	Let's do a rosary. •rosary 묵주기도
수녀님들이 다들 참 좋으시다.	Our Sisters are all very nice. •sister 수녀

잘못하면 하느님께 용서를 빌어.	Ask God for forgiveness for your wrongdoings. •forgiveness 용서 •wrongdoing 잘못, 악행
이제 고해성사를 하렴.	Go to confession now. •confession 고백
주여, 우리를 축복하소서!	May the Lord bless us! •bless 축복하다

절

우리는 불교신자란다.	We are Buddhists.
오늘은 석가탄신일이야.	Today is Buddha's Birthday.
엄마랑 절에 가자.	Let's go to the temple with Mom. •temple 절
스님께 이렇게 인사해.	Greet the monks like this. •monk 스님, 중
두 손을 모으고 깊게 절하는 거야.	Put your hands together and bow low.
불상 앞에서는 조용히 해야 해.	You need to be quiet in front of the Buddhist statue. •statue 상, 조상
경내에서 뛰면 안 돼요.	Don't run inside the temple.

Chapter 18 오늘은 특별한 날

생일 초대

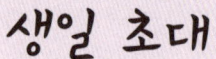 네 생일이 다가오고 있구나.   Your birthday is coming up.

친구들 초대해서 파티 하자.   Let's invite some friends and have a party.

몇 명 초대하고 싶니?   How many do you want to invite?

초대하고 싶은 만큼 초대해.   Invite as many as you want.

 10명쯤이요.   About 10.

우리 반 전체 다 초대하고 싶어요.	I want to invite all of my classmates.
먼저 초대장을 만들자.	Let's make some invitations first. • invitation 초대장, 초대
제가 초대장을 만들게요.	I want to make an invitation. • invitation 초대장
초대장에 뭐라고 써요?	What should I write on the invitation?
몇 시에 오라고 할까요?	What time should I tell them to come?
학교 끝나고 바로 오라고 하렴.	Tell them to come right after school.
친구들에게 초대장을 주렴.	Give your friends the invitations.
친구들에게 올 수 있는지 물어봐.	Ask your friends if they can come.
초대장을 언제 줄까요?	When should I give out the invitations?
내일 학교 가서 줄래요.	I will give them tomorrow when I go to school.
어디에서 생일파티 해야 할까요?	Where should I have my birthday party?
그냥 친구들을 집으로 초대하자.	Let's just have your friends over to our house.
집은 너무 복잡할 것 같구나.	I think it will be too crowded in the house. • crowded 붐비는, 복잡한
음식점에 예약할 거야.	I'll make a reservation at a restaurant. • make a reservation 예약하다
엄마가 생일파티 계획을 짜야겠다.	Mommy needs to plan the birthday party for you.
초대하고 싶은 친구들 명단을 적어줘.	Write down the names of your friends you want to invite.
생일선물로 뭐 받고 싶니?	What do you want for your birthday?

생일선물로 장난감 자동차 받고 싶어요. I want a toy car for my birthday.

생일파티 가기

 친구 생일에 초대받았어요. I got invited to my friend's birthday.
• get invited 초대받다

친구한테 초대장을 받았어요. I got an invitation from my friend.

학교 끝나고 지나 생일파티에 가요. I'm going to Jina's birthday party after school.

엄마, 지나가 생일파티에 초대했어요. Mom, Jina invited me to her birthday party.

그래, 좋겠구나! Oh, that sounds good!

선물은 뭘로 할까요? What should I give her for a present?

글쎄, 그 애가 좋아할 만한 것을 생각해보렴. Well, think of something that she likes.

파티는 언제니? When is the party?

이번 주 토요일 2시요. At 2 o'clock on this coming Saturday.

걔 생일은 원래 12일인데, 미리 축하하는 거래요. Her birthday is actually on the 12th, but she is celebrating it ahead of time.
• celebrate 축하하다   • ahead of time 앞서, 미리

어디에서 파티 한대? Where is she going to have the party?

자기 집/음식점에서요. At her house/a restaurant.

목요일? 하지만 그날은 학원 가야 하잖니. On Thursday? But you have to go to the hagwon on that day.

그날만 빠지면 안 돼요? Can I just miss class on that day only?

가장 친한 친구라 가야 해요.	I should go because she is my best friend.
엄마, 저도 걔처럼 생일파티 하고 싶어요.	Mom, I want to have a birthday party like her.
미리 사둔 선물 잊지 말고 가져가.	Don't forget to bring the present you bought before.
파티 끝나면 전화해라. 엄마가 데리러 갈게.	Call me when the party is over. I will pick you up.

생일파티

엄마는 파티 준비를 할게.	I'll get ready for the party. • get ready for ~을 준비하다
친구들이 도착했구나.	Your friends are here.
초는 몇 개 필요하지?	How many candles do we need?
생일축하 노래 부르자.	Let's sing "Happy Birthday".
소원을 빌어.	Make a wish.
촛불을 끄렴.	Blow out the candles.　• blow out (입김으로) 불다
케이크를 잘라서 친구들한테 나눠줄래?	Will you cut the cake and give it to your friends?

생일선물 주고받기

파티에 와줘서 고마워.	Thanks for coming to my party.

생일 축하해! — Happy birthday!

여기 선물이야. — Here's my present. / This is my present for you.

이거 너 주려고 가져왔어. — I brought this for you.

선물을 풀어보렴. — Open your presents.

와! 이거 정말 갖고 싶었던 거예요. — Wow! I really wanted this.

선물들이 정말 마음에 들어. — I really like the presents.

즐겁게 놀아라. — Have fun. / Have a good time.

와, 이 장난감 자동차 엄청 멋있다. — Wow, this toy car is awesome/fantastic.

이거 아빠한테 받은 거야. — I got this from my dad.

이거 아빠가 사주신 거야. — My dad bought this for me.

이모가 카톡으로 생일 돈 보내왔어. — Your aunt has sent you some gift money via SNS.

삼촌이 케이크 쿠폰 선물로 보내주셨어. — Your uncle has sent you a cake coupon for your birthday.

어른 생일잔치

이번 주 수요일이 할아버지 생신이네. — Your grandpa's birthday is coming up this Wednesday.

할아버지께 드릴 선물을 고르자. — Let's choose a gift for Grandpa.

할아버지께서 어떤 선물을 좋아하실까? — What gift would Grandpa like?

카드를 쓸 거예요. — I'm going to write a card.

선물은 제가 그린 그림이고요. — The gift is something that I drew.

할아버지가 좋아하시겠네. — Grandpa would like that.

엄마는 할아버지께서 좋아하시는 음식을 준비할게. — I'll make Grandpa's favorite food.

할아버지 연세만큼 초를 꽂으렴. — Put on the same number of candles as Grandpa's age.

 할아버지, 생신 축하 드려요! — Happy birthday, Grandpa!

 고맙구나, 우리 손녀. — Thanks, Sweetheart.

 할아버지께 생일축하 노래 불러 드려야지. — Sing "Happy Birthday" for Grandpa.

 할아버지, 건강하세요! — Be healthy, Grandpa!

선물 풀어보세요. — Open your gift, please.

할아버지, 선물 맘에 드세요? — Grandpa, do you like your gift?

 고맙구나, 애야! 아주 마음에 든다. — Thank you, Sweetie! I like this very much.

설날

 양력 1월 1일이 신정이야. — January 1 is New Year's Day on the solar calendar. • solar calendar 양력

우리에게는 음력으로 새해 첫날이 또 있어. — We have another New Year's Day on the lunar calendar. • lunar calendar 음력

음력 1월 1일은 설날이라고 해. — The lunar January 1 is called Seolnal.

우린 조상님께 차례를 드려. 중요한 풍습이지. — We worship our ancestors. That is an important tradition. • worship 숭배하다 • tradition 전통

설날에는 떡국을 먹어. — You eat ddukgook on New Year's Day.

	떡국을 먹으면 한 살 더 먹는 거야.	You get one year older when you eat ddukgook.
	설은 추석과 함께 한국의 중요한 명절이야.	New Year's Day is an important Korean holiday along with Chuseok.
	설에 광주 할아버지 댁에 갈 거야.	We'll be visiting Grandpa's in Gwangju on Seolnal.
	한복 입고 할머니 댁에 세배 가자.	Let's go to Grandma's with our hanboks on to give a big bow to her. • bow 절, 몸을 굽힌
	한복 입으니까 더 예쁘네!	You look prettier with your hanbok on!
	어른들께 세배할 시간이야!	Time to give a big bow to the adults!
	새해 복 많이 받으세요!	Have a happy new year!
	올해에도 복 많이 받거라!	I wish you good luck this year!
	세뱃돈 여기 있다.	Here's your sebaedon. / Here's your New Year's money.
	고맙습니다, 할아버지!	Thanks, Grandpa!
	세뱃돈으로 10만 원 받았어.	I got 100,000 won for sebaedon.

추석

	다음 주가 벌써 추석이야?	Is it already Chuseok next week?
	이번 연휴는 좀 짧네.	This holiday period is rather short.
	추석은 음력 8월 15일이지.	Chuseok is on August 15 on the lunar calendar.
	한가위라고도 부른단다.	It's also called as Hangawii.

추석과 설날은 한국의 최대 명절이야.	Chuseok and Seolnal are the most favored holidays of Korea. •favored 사랑받는
한국의 추석은 미국의 추수감사절이랑 비슷해.	Korea's Chuseok is like America's Thanksgiving. •Thanksgiving 추수감사절
추석에는 조상님께 차례를 지내.	We worship our ancestors on Chuseok.
조상님께 성묘를 가지.	We have memorial services at our ancestors' graves. •memorial service 제사, 추모식 •grave 묘지
빨리 송편 만들고 싶어요!	I can't wait to make songpyeon! •can't wait to 몹시 ~하고 싶어 하다
송편을 예쁘게 빚으면 예쁜 딸을 낳는다는 말이 있어.	There's a saying that if you make pretty songpyeon, you will have a pretty baby girl.

밸런타인데이, 화이트데이

2월 14일은 밸런타인데이야.	February 14 is Valentine's Day.
여자가 좋아하는 남자한테 초콜릿을 준단다.	A lady gives candy to a man she likes. ⇨ 초콜릿도 candy(캔디)라고 합니다.

밸런타인데이

서양에서는 밸런타인데이에 부모, 친구, 연인 사이에 선물을 주고받습니다. 여자가 남자에게 호감을 표현하는 우리나라의 밸런타인데이와는 다르죠. 평상시 흠모하던 사람이라고 사랑고백을 하면서 카드에 a secret admirer라고 써서 장난을 치기도 합니다. 어린 자녀를 둔 부모는 아이의 반친구 모두에게 줄 사탕을 준비하고, 아이는 작은 카드에 Happy Valentine!이라고 써서 나눠줍니다.

아빠께 드릴 초콜릿을 준비하자.	Let's prepare some chocolate for Dad.
친구들한테 줄 초콜릿을 살래요.	I'll buy some chocolate to give to my friends.
이건 진호한테 줄 초콜릿이에요.	This chocolate is for Jinho.
가윤이한테 초콜릿 받았어요.	I received some candy from Gayoon.
3월 14일은 화이트데이야.	March 14 is White Day.
남자가 좋아하는 여자에게 사탕을 선물하지.	Boys give candy to girls they like.
한국, 일본, 대만에만 있단다.	It's only celebrated in Korea, Japan, and Taiwan.

어린이날

야! 어린이날이 곧 온다!	Yay! Children's Day is coming soon!
어린이날이 언제지?	When is Children's Day?
5월 5일이요.	It's May 5.
어린이날에 어떤 선물을 받고 싶니?	What present do you want on Children's Day?
새 레고 세트/바비 인형 사주세요.	I want a new lego set/a Barbie doll.
놀이공원에 가고 싶어요.	I want to go to an amusement park.

• amusement park 놀이공원

할아버지께서 큰 선물을 보내셨네.	Grandpa sent you a big present.
이모와 삼촌이 네게 용돈을 보내셨어.	Your aunt and uncle sent some money to you.
할아버지께 전화해서 감사하다고 해.	Call Grandpa and say thank you.

엄마, 무슨 특별 계획 있어요?   Do we have any special plans, Mom?

 음, 맛있는 것도 먹고 재미있게 보내자꾸나.   Well, let's just eat some good food and have fun.

어린이날 축하해!   Happy Children's Day!

 날마다 어린이날이면 좋겠어요.   I wish every day were Children's Day.

크리스마스

 이제 곧 크리스마스예요.   It's almost Christmas.

만세! 크리스마스다.   Hooray! It's Christmas.

 애야, 아직 아니란다. 12월 25일이야.   Not yet, Honey. It's December 25.

화이트 크리스마스가 되면 좋겠어요.   I wish for a white Christmas.

크리스마스 캐럴 불러요.   Let's sing a Christmas carol.

난 크리스마스가 제일 좋아요.   I love Christmas the most.

 크리스마스 트리를 만들자.   Let's put up our Christmas tree.
• put up 세우다, 짓다

우리 크리스마스 트리도 장식할까?   Shall we decorate the Christmas tree, too?
• decorate 장식하다

꼭대기에는 별을 달자.   Let's put a star on the top.

올해도 근사한 크리스마스 트리가 완성됐구나!   We made a wonderful tree for Christmas this year, too.

 제가 쓴 크리스마스 카드 읽어보셨어요?   Did you read my Christmas card?

 너무나 감동적인 크리스마스 카드구나. 고맙다, 애야.   Your Christmas card is very touching. Thank you, Honey.
• touching 감동적인

	내일은 크리스마스니까 일찍 자렴.	It's Christmas tomorrow. Go to sleep early.
	참, 양말 거는 걸 깜빡했어요.	Oops, I forgot to put up the stockings.
	크리스마스 트리 옆에다 걸어두렴.	Put them next to the Christmas tree.
	네가 1년 동안 착한 아이였니? 산타는 착한 애들한테만 오시는데.	Have you been a good child for the entire year? Santa only visits good kids. • Have you been ~? (지금까지) ~였니?
	보세요! 산타 할아버지가 나무 아래에 선물을 두셨어요!	Look! Santa put a present under the tree!
	선물 풀어볼래요.	I want to open my present.
	산타 할아버지가 제가 원하던 선물을 주셨어요.	Santa gave me the gift I wanted.
	엄마, 산타 할아버지는 진짜 계세요?	Mom, does Santa really exist? • exist 존재하다
	그럼. 그러니까 네가 선물 받았지.	Of course. That's how you got his present.

우리가 잘 모르는 미국의 파티들

• **Wedding Shower** 결혼을 앞둔 신부를 위해 열리는 파티입니다. 주로 신부와 절친한 사람이 파티를 주최해 친한 친구를 초대합니다. 이때 초대된 사람은 신부에게 필요한 선물을 준비해 와서 주최한 사람이 마련한 음식을 즐기며 담소를 나눕니다. 근래에는 선물이 겹치거나 불필요한 것을 배제하기 위해 신부가 백화점 등에 결혼용품 등록(wedding registry)을 하고 이를 친구에게 알리면 친구들이 각자 하나씩 맡아서 선물하는 것이 보편적입니다.

• **Baby Shower** 출산을 앞둔 여성을 위한 파티입니다. 임산부와 절친한 사람이 주최하고 초대받은 사람들은 육아에 필요한 물품을 선물합니다. 파티 음식도 즐기고 인형에 기저귀 채우기, 어른을 애기처럼 꾸미기 등 육아에 관련된 재미있는 놀이도 하면서 시간을 보냅니다. wedding shower처럼 선물이 겹치지 않도록 임부는 백화점에 아기용품 등록(baby gift registry)을 하여 실용적이면서 재미있는 풍속을 즐깁니다.

Chapter 19 : 가족과 동네 한바퀴

공원 산책하기

 산책하러 가자.   Let's go for a walk.   • go for a walk 산책하러 가다

운동 삼아 산책 갈까?   Want to go for a walk to exercise?

공원에 놀러 나가자.   Let's go out to play in the park.

공원에서 자전거 탈까?   Want to ride our bikes at the park?

 와! 공원에 사람이 많네요.   Wow! There are a lot of people at the park.

이웃분들께 인사해야지.	Say hi to our neighbors.
우리 손잡을까?	Want to hold hands? • hold 잡다
애야, 엄마를 잘 따라오렴.	Make sure you follow me, Honey.
땅에 쓰레기 버리면 안 돼요.	Don't throw trash on the ground. • trash 쓰레기
꽃 꺾으면 안 돼요.	Don't pick the flowers.
나뭇가지 꺾으면 안 돼요.	Don't break the branches.
잔디 밟으면 안 돼요.	Don't step on the grass.
산책하기 참 좋은 날씨다.	It's great weather for a walk.
산들바람이 정말 상쾌하구나.	The breeze is really nice. • breeze 미풍, 산들바람

| 엄마, 좀 쉬어요. | Mom, let's rest for a little. |
| 엄마, 다리 아파요. | Mom, my legs hurt. |

너무 멀리 왔나 보다. | I think we came too far.
이제 그만 돌아갈까? | Want to go back now?

더 있고 싶어요. | I want to stay longer.

알아. 하지만 늦었어. | I know, but it's getting late.

엄마, 화장실이 급해요. 어디 있어요? | Mom, I have to go to the restroom. Where is it? • restroom 화장실

화장실 저기 있네. | The restroom is over there.
이 운동기구 좀 타볼까? | Want to use this exercise machine?

엄마, 저도 탈래요. | I want to ride it, too, Mom.

저쪽에 있는 거 해봐. 아무도 안 쓰네. | Try the one over there. Nobody is using it.

공중화장실

줄 서서 기다리자.	Let's wait in line.
화장실 들어가기 전에 노크해라.	Knock on the door before going into the restroom.
침 뱉지 마.	Don't spit. • spit 침 뱉다
화장실 벽에 낙서하지 마.	Don't draw on the wall of the restroom.
볼일 다 보면 물을 내려라.	Flush the toilet after you're done. • flush 변기의 물을 내리다
손을 잘 씻어라.	Wash your hands well.

슈퍼마켓

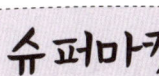

엄마는 장 좀 봐야겠는걸.	Mommy needs to go grocery shopping. • grocery shopping 장보기
가서 카트 하나 가지고 와라.	Go get a cart.
장보기 목록을 보자.	Let's see the grocery list.
농산품 코너로 먼저 가자.	Let's go to the produce corner first. • produce 농산품
과일 좀 사자.	Let's buy some fruit.
이거 얼마예요?	How much is this?
그거 1kg 주세요.	Give me 1kg of it.
이걸로 할게요.	I'll take this.

카트에 담으렴.	Put it in the cart.
생선 파는 곳은 어디예요?	Do you know where I can find the fish?
고기가 엄청 싸네/비싸네.	The meat's really cheap/expensive.
라면 한 묶음이 세일이네.	The pack of ramen is on sale. • on sale 세일중인
저녁에 생선 먹자.	Let's have fish for dinner.
오늘 저녁 메뉴는 낙지볶음이야.	Tonight's dinner is sautéed octopus. • sautéed 볶은
뭐 빠진 것 없나 살펴봐라.	Check if we forgot anything.
카트가 꽉 찼네.	The cart is full.

간식거리 사도 돼요?	Can we get some snacks?
고기 먹고 싶어요. 엄마, 고기 좀 사요!	I want some meat. Buy some meat, Mom!
시식코너에서 빵 먹어봐도 돼요?	Can I try some bread in the tasting corner? • tasting corner 시식코너

계산대로 가자.	Let's go to the checkout counter. • checkout counter 계산대
카운터에 식료품을 올려놓으렴.	Get the groceries on the counter.
봉투 하나 주세요.	Can I get a bag?
봉투에 넣자.	Let's put it in the bag.

외식하기

메뉴판 좀 주세요.	Can we get a menu?

	먹고 싶은 거 골라봐.	Choose what you want to eat.
	먹고 싶은 거 골랐니?	Did you choose what you want?
	자장면이랑 탕수육 먹을래요.	I want jajangmyun and sweet and sour pork.
	여기요, 주문 좀 받아주세요.	Hello. May I order now? • order 주문하다
	물 좀 가져다주세요.	Get me some water, please.
	빨리 주세요.	Can you get it quickly?
	음식 나오려면 얼마나 기다려야 해요?	How long do I have to wait till the dishes come out?
	숟가락이랑 젓가락 좀 놔줄래?	Can you set the spoons and chopsticks?
	식당에서 장난치는 거 아니야.	Don't goof around in the restaurant.
	입에 음식이 묻었네. 엄마가 닦아줄게.	You have food on your lips. Mom will clean it off for you. • lip 입술
	더 먹을래?	Want some more?
	엄마 것도 맛있어. 좀 먹어볼래?	Mine's good, too. Want to try some?
	남은 건 엄마가 먹을게.	Mommy will eat the leftovers. • leftover 먹고 남은 음식
	엄마, 저 물 흘렸어요.	Mom, I spilled my water.
	남은 건 포장해주세요.	Can you pack the rest, please? • pack 싸다
	계산서 좀 주세요.	Can we get the check, please? • check 계산서
	음식이 너무 짰어요/싱거웠어요.	The dish was too salty/bland. • bland 밍밍한

미용실

● 집에서

아, 머리 하고 싶어! — I want my hair done now!

머리가 너무 기네. 미용실 가자. — Your hair's too long. Let's go to a beauty shop. • beauty shop 미용실 (= beauty salon)

다듬은 지 꽤 돼서 머리가 많이 길었네. — It's been a while since your last trim, and your hair is getting long.
• a while 한동안 • since ~한 이래로 • trim 다듬기

미용실 가기 싫어요. — I don't want to go to the hair shop.

머리가 지저분하면 친구들이 놀린단다. — Your friends will make fun of you if your hair's messy. • messy 지저분한

날씨가 더우니까 짧게 깎을까? — Since it's hot, do you want your hair short?

파마해볼까? — Want to get a perm?

● 미용실에서

머리 어떻게 해 드릴까요? — How do you want your hair done?

뭐 하실 거예요? — How can I help you?

머리 자르려고요. — I want my hair cut.

파마 하려고요. — I want my hair permed.

스트레이트파마 해주세요. — I want my hair straight.

어떻게 자를까요? — How do you want it cut?

짧게 잘라주세요. — I want it short.

약간 다듬어만 주세요.	Just trim it a little.
너무 짧게 자르지 마세요.	Don't cut it too short.
앞머리만 다듬어주세요.	Just trim my bangs. • bangs 앞머리
염색해주세요.	I want my hair dyed. • dye 염색하다
여기 브리지 해주세요.	Please highlight this part. • highlight 부분 염색하다
얌전히 있어야 예쁘게 자르지.	Sit still so we can cut it nice.
움직이지 마!	Don't move!
고개 좀 숙여볼래?	Will you tilt your head down? • tilt 기울이다, 숙이다
떠들면 머리카락이 입에 들어간다.	Hair will get in your mouth if you talk.
머리 맘에 드니?	Do you like your haircut?
머리 자르니까 왕자님/공주님 같네.	You look like a prince/princess after your haircut.
우리 아들 몰라보게 변했네.	My son looks different.
멋지다! 진작 좀 자를걸.	You look cool! Sorry we didn't cut it earlier.
오늘은 손님이 많네.	There are a lot of people today.
다음에 올까?	Want to come next time?

찜질방

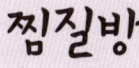

찜질방에 가자.	Let's go to the sauna.
먼저 깨끗이 씻고 찜질방에 들어가렴.	Clean up first and then go into the sauna.
우리 아들 다 컸으니까 아빠랑 가.	Go with Daddy since you're a big boy.

Chapter 19 | 가족과 동네 한바퀴

	찜질복 입어라.	Put on your sweatsuit.　• sweatsuit 땀복
	저기에 들어가볼까?	Want to go in there?
	엄마, 숨이 막혀요.	I can't breathe, Mom.
	잠깐 밖에 나갈게요.	I'll go outside for a little.
	잠시 식히자.	Let's cool down for a few minutes. • cool down 식히다
	땀이 많이 나는구나.	You're sweating a lot.　• sweat 땀나다, 땀
	반드시 물을 많이 마셔야 해.	Make sure to drink plenty of water. • plenty of 충분한 ~
	물 좀 마실래요.	I want to drink some water.
	삶은 계란이랑 음료수 사주세요.	Can you buy me some boiled eggs and a drink?　• boiled egg 삶은 계란
	식혜 좀 사오렴.	Buy some shikhe for me.
	여기서 좀 누워야겠다.	I'm going to lie down here.
	너무 오래 있어도 안 좋아.	It's not good to stay for too long.
	얼마나 있을 거예요?	How long will we stay?
	집에 언제 가요?	When do we go home?
	개운하구나!	That feels good!
	씻고 집에 가자.	Let's clean up and go home.

영화관

	영화 보러 가요.	Let's go to watch a movie.

뭐 보고 싶어?	What do you want to see?
무슨 영화가 상영 중이지?	What movies are on?
3D 영화 보고 싶어요.	I want to watch a 3D movie.
"뽀로로와 친구들" 보고 싶어요.	I want to watch *Pororo and His Friends*.
몇 시 걸로 볼까?	What time should we watch the movie?
조조로 보자.	Let's watch a matinee. • matinee (영화 등의) 주간 상영
엄마가 표 예매할게.	Let me buy the tickets beforehand. / Let me reserve the movie tickets. • reserve 예매하다
엄마가 표 사가지고 올게.	I'll get the tickets.
벌써 매진이네.	It's already sold out. • sold out 매진인
영화 시작하려면 10분 정도 남았네.	We have about 10 minutes till the movie starts.
영화 시작하기 전에 화장실 갔다오렴.	Go to the bathroom before the movie starts.
팝콘이랑 음료수 사주세요.	Can I get popcorn and a drink?
엄마, 영화 예매했어요?	Did you reserve the tickets, Mom? / Did you buy the tickets ahead of time, Mom?
매표소에서 표 받았어요?	Did you receive the tickets from the box office? • box office 매표소
여기 줄 서 있다 들어가자.	Wait in line here and go in.
우리 자리 어디예요?	Can you find our seats?
안이 어두우니까 조심해서 가.	It's dark inside. Watch your steps.
엄마, 휴대전화 진동으로 해놨어요?	Mom, did you set your phone to vibrate? • set 맞추다 • vibrate 떨다, 진동하다

빨리 시작하면 좋겠다.	I can't wait.
저 두 사람이 앞을 막아서 안 보여요.	I can't see because that couple is blocking my view. •block 막다 •view 시야
앞자리 발로 차지 마.	Don't kick the seat in front of you.
쉿! 극장에서는 조용히 해.	Hush! Be quiet in the theater.
영화 재미있었니?	Was the movie fun?
엄마, 다음에 영화 또 봐요!	Let's watch another movie later, Mom!!

서점

서점에 가볼까?	Want to go to the bookstore?
읽고 싶었던 책 있어?	Are there any books you wanted to read?
여기 재미난 책이 많다.	There are a lot of interesting books here.
이 과학 잡지들 좀 봐.	Look at all the science magazines.
읽고 싶은 것 골라봐.	Pick what you want to read. •pick 고르다
이거 전부 신간이야.	These are all new books.
어떤 게 재밌을 것 같아?	Which one looks fun to you?
저쪽으로 가볼까?	Want to go over there?
여기에 네가 원하던 책이 있네!	Here are the books you wanted!
이거 읽어볼래?	Want to read this?
공룡 나오는 책 어디 있어요?	Where are the dinosaur books?
그 책 좀 찾아주세요.	Can you find me the book?

Part 03 | 주말과 기념일 회화

여기서 이 책 읽어봐도 돼요?	Can I read this book here?
이게 그 시리즈의 제4권이에요.	This is the 4th book in the series.
이 책 사주세요.	Can I get this book?
또 만화책 살 거야?	Do you want a cartoon book again?
영어동화 몇 권 사자.	Let's buy a few English storybooks.

도서관

오늘은 도서관 가는 날이야.	Today's the day we go to the library.
도서관 카드 하나 만들자.	Let's make a library card.
컴퓨터로 책을 찾아볼까?	Want to find some books with a computer?
몇 권 빌릴 수 있어요?	How many books can I borrow?
4권만 빌릴 수 있어.	We can only get 4 books.
서두르지 말고 천천히 골라봐.	Don't rush. Take your time. • rush 급하게 행동하다
엄마, 이 책 읽어주세요.	Mom, read me this book.
여기 앉아서 읽어도 돼요?	Can I sit here and read?
도서관에서 떠드는 거 아니야.	Don't be loud in the library.
도서관에서는 조용히 하렴.	Be quiet in the library.
책을 소리내서 읽지 마라.	You should not read the books out loud. • out loud 소리내어
도서관 안에서 음식 먹으면 안 돼.	You should not eat in the library.
책을 찢으면 안 돼.	You should not tear the books. • tear 찢다

Chapter 19 | 가족과 동네 한바퀴

| 책 다 골랐니? | Did you choose all the books? |

재미난 책 찾았어요. | I found a good book.

당장 읽고 싶어요. | I want to read it immediately.
• immediately 즉시, 당장

그 책들을 빌리자. | Let's check them out. • check out 대출하다

먼저 사서에게 카드를 주렴. | Give the librarian the card first. • librarian 사서

엄마가 책 고를 때까지 여기서 책 읽고 있어. | Read here until Mom chooses a book.

반납할 책 다 챙겼니? | Did you get all the books we need to return?
• return 돌려주다, 반환하다

책 반납일은 수요일이야. | The books are due on Wednesday. • due 만기가 된

도서관이 오늘은 휴관이네. | The library is closed today.

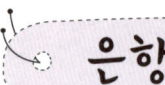

은행

은행은 뭐 하는 곳이에요? | What is a bank for? / What does a bank do for us?

엄마는 은행에서 뭐 해요? | What do you do at the bank?

우리는 돈을 은행에 맡겨. | We keep money in the bank. • keep 보관하다, 두다

네 통장을 만들자. | Let's open an account for you. • account (은행) 계좌

대기표 뽑으렴. | Get a number.

양식을 작성해야 돼. | We need to fill out the form. • form 양식

1만 원을 저금하고 싶어요. | I want to save 10,000 won.

	1만 원을 출금하고 싶어요.	I want to take out 10,000 won. / I will withdraw 10,000 won. •withdraw (돈을) 인출하다
	통장이랑 도장 가지고 왔니?	Did you bring your account book and seal? •account book 통장 •seal 도장
	은행은 몇 시에 문 열어요?	What time does the bank open?
	9시에 열어.	It opens at 9:00 AM.
	돼지저금통이 꽉 차면 은행에 가져갈 거예요.	After I fill my piggy bank, I'll bring it to the bank. •piggy bank 돼지저금통

소방서

 불이 나면 119에 전화해.   Call 119 when there is a fire.

소방관은 불을 끄는 사람들이야.   Firefighters help put out fires. •put out (불을) 끄다

소방서에 장난전화 하면 절대 안 된다.   Don't ever prank call the fire department.
•prank call 장난전화하다

소방차가 다가오면 차들은 길을 비켜줘야 해.   Cars need to move out of the way when a fire truck is coming.

 저는 커서 소방관이 되고 싶어요.   I want to be a firefighter when I grow up.

소방서에 가면 소방관과 소방차가 있어요.   We can see firefighters and fire trucks at the fire department.

경찰서

 와, 경찰차 있다.   Wow, there's a police car.

경찰복은 멋져요.	The police uniform is cool.
우리 마을에 경찰서가 있어서 안심돼요.	I feel safe because we have a police station in town. • safe 안전한
저는 커서 경찰관이 되고 싶어요.	I want to be a police officer when I grow up.
경찰관이 되려면 용감해야 해.	You need to be brave if you want to be a police officer.
경찰서 번호 아세요?	Do you know the number of the police station?
112란다.	It's 112.
경찰은 주민의 생명과 재산을 보호해 준단다.	The police protect people's lives and property. • property 재산

Chapter 20 여행 떠나기

등산

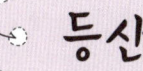 등산 가요.   Let's go hiking.

 공기가 신선하다.   The air is fresh.

등산하기 좋은데.   It's great to go up to a mountain.

 산이 너무 높아요!   The mountain is too high!

 조심해서 올라가렴/내려가렴.   Go up/down carefully.

다리가 아파요.　　　　　　　　My legs hurt.

 잠시 쉬자.　　　　　　　　　　Let's rest for a little bit.

약수터에서 물 좀 마실까?　　　Want to drink some water from the fountain?　•fountain 샘, 분수

 드디어 정상에 도착했다.　　　　We're finally at the top.

여기까지 쭉 왔네.　　　　　　We came all the way up here.

야호 하고 외쳐봐!　　　　　　Shout hooray!

처음엔 힘들었는데, 여기 정상에 오니 기분이 좋아요.　　It was hard at first, but it feels good here at the top.　•at first 처음에는

바다 여행

 동해안으로 여행 가자.　　　　Let's go on a trip to the East Sea.

 와, 바다다!　　　　　　　　　　Wow, it's the sea!

 해수욕장이 정말 깨끗하네.　　The beach is very clean.

 파도가 너무 높아요!　　　　　The waves are too high!

 모래가 신발에 자꾸 들어가요.　The sand keeps getting in my shoes.

 신발 벗고 바다에 들어가봐.　　Take off your shoes and go into the sea.

 물이 너무 차가워요/짜요.　　　The water's too cold/salty.

 여기에 텐트를 칠까?　　　　　Want to set up the tent here?　•set up 설치하다, 세우다

모닥불을 피우자!　　　　　　Let's set a fire!

텐트 안에 들어가서 자.　　　　Go sleep in the tent.

수영장

 풀장에 들어가기 전에 샤워하렴. — Shower before you go in the pool.

깨끗이 씻고 수영복으로 갈아입어라. — Clean up and change into your swimming suit. • swimming suit 수영복

수영모자와 물안경도 잊지 마. — Don't forget your swim cap and goggles, either. • goggles 보호안경

풀장 들어가기 전에 화장실 다녀오렴. — Go to the restroom before getting into the pool.

준비운동했니? — Did you stretch? • stretch 스트레칭하다

튜브에 바람 넣어줄게. — I'll inflate your inner tube. • inflate (공기로) 부풀리다

바닥이 미끄러우니 조심해라. — Be careful since the floor is slippery.

 풀장 깊은 곳으로는 가지 마. — Don't go into the deep end of the pool.

다이빙하지 말거라. — Please don't dive.

다른 사람에게 물 튀기지 않도록 해. — Try not to splash water on others. • splash (물을) 튀기다

풀장 안에서 장난하지 마라. — Don't goof around in the pool. • goof around 장난치다

풀장 안에서 큰 소리 내지 마라. — Don't make loud noises in the pool. • make a noise 소리내다

먹은 다음에 바로 수영하는 거 아니야. — Don't swim right after you eat.

조금 있다가 들어가렴. — Go in a little later.

물속에 너무 오래 있지 마. — Don't stay in the water for too long.

 입술이 파랗네. 잠시 따뜻하게 있으렴. — Your lips are blue. Stay warm for a minute.

수건으로 물기 닦아줄게.	Let me dry you off with a towel.
엄마가 풀장 주변에 있을게.	Mom will stick around in the pool area. • stick around (어떤 곳에서) 가지 않고 있다
햇볕이 너무 강하네. 선크림 좀 바르자.	The sun's rays are very strong. Put some sunscreen on. • sun's rays 햇볕
선크림 발라야 돼요?	Do I have to put on sunscreen?
선크림 바르기 싫어요.	I don't want to put any sunscreen on.
끈적끈적해요.	It's sticky. • sticky 끈적거리는
튜브에서 바람 빼자.	Let's remove the air from your inner tube. • remove 제거하다
탈의실로 가기 전에 물기를 닦으렴.	Dry yourself off before you go into the changing room.

놀이공원

놀이공원에 가자.	Let's go to the amusement park.
자유이용권을 사자.	Let's buy tickets for all of the rides. • ride 놀이기구, 탈것
표 끊어올게. 여기서 기다리렴.	I'll get the tickets. Wait here.
줄 서서 기다려.	Wait in line. • in line 줄 서서
이거 타볼까?	Want to ride this?
엄마, 이거 타고 싶어요.	I want to ride this, Mom.
저건 너무 무서울 것 같아요.	That looks too scary.

이건 네가 키가 작아서 못 타.	You're too short to ride this. • too 형용사 to 동사 너무 ~해서 ~할 수 없다
가서 퍼레이드 구경하자.	Let's go and watch the parade. • parade 행렬, 퍼레이드
줄이 너무 길구나. 다른 거 탈까?	The line's too long. Shall we ride something else?
회전목마 타고 싶어요.	I want to ride the merry-go-round.
회전관람차 타요.	Let's ride the Ferris Wheel.
롤러코스터 탈래요.	I'm going to ride the roller coaster.
바이킹이 제일 재미있어요.	I like the Viking Ride the most. / The Viking Ride is the most fun.
어지러워요. 토할 것 같아요.	I'm dizzy. I think I'm going to throw up. • throw up 토하다

쏙쏙 들어오는 Tip

놀이공원과 관련된 표현

'놀이공원'은 영어로 amusement park 또는 theme park라고 할 수 있습니다. 특히 amusement park는 각종 놀이 시설을 갖춘 공원을 가리키며, theme park는 바다, 영화 등 특정 주제로 꾸며진 공원을 말합니다. 그 외에 우리나라의 캐리비언베이나 오션월드 같은 물놀이 시설은 water park라고 합니다.

[놀이기구(ride) 종류]
- 회전목마 Merry-go-round
- 롤러코스터 Roller coaster
- 그네식 놀이기구 Swing ride
- 바이킹 Pirate ship
- 대회전식 관람차 Ferris wheel
- 자이로드롭 Drop tower
- 튜브 슬라이드 Water ride

Chapter 20 | 여행 떠나기

그늘에서 쉬자. — Let's rest in the shade. • shade 그늘

또 타고 싶어요. — I want to ride it again.

또 타면 안 돼요? — Can I ride it again?

혼자서 타기 싫어요. — I don't want to ride alone.

 엄마랑 같이 탈까? — Want to ride with Mom?

문 닫을 시간이네. — It's time to close.

 놀이기구가 다 너무 재미있어요. — All of the rides are so fun.

박물관/미술관

일산에서 자동차 전시회가 열리고 있네. — There's a motor show going on in Ilsan.

다음 달에 스누피 전시회가 열린대. — I heard the Snoopy Exhibition is coming up next month. • exhibition 전시회

오늘은 공룡박물관에 가자. — Let's go to the dinosaur museum today.

박물관은 역사적 유물을 전시하는 곳이란다. — A museum is a place where historic things are displayed. • historic 역사적인, 역사의 • display 전시하다

오늘은 미술관에 가자. — Let's go to the art museum today.

미술관은 다양한 미술품을 전시하는 곳이란다. — An art museum displays many works of art. • work of art 미술작품

이건 누구의 작품일까? — Whose work of art is this? • whose 누구의

이 작품을 보고 뭘 느꼈니? — What do you think of this work?

 저도 이렇게 멋진 그림을 그려보고 싶어요. — I want to draw something this cool.

여기에 있는 설명을 읽어봐라.	Read the descriptions here. • description 설명, 묘사
가이드의 설명을 잘 들어봐.	Listen to what the guide says.
그건 만지면 안 돼. 눈으로만 봐.	Don't touch that. Just look at it.
박물관에서는 사진 촬영이 금지되어 있어.	You are not allowed to take photos in the museum. • be allowed to ~하는 것이 허용되다
전시실에서는 조용히 해야 해.	You should be quiet in the showrooms. • showroom 전시실

사진 찍기

여기서 사진 찍자.	Let's take a picture here. • take a picture 사진 찍다
친구랑 사진 찍을래?	Want to take a picture with your friend?
친구 옆에 서보렴.	Stand next to your friend.
뒤로 좀 가봐.	Move back a bit.
앞으로 좀 와봐.	Step ahead a little.
왼쪽/오른쪽으로 조금만 가봐.	Move to the left/right a little.
다들 붙어서 봐.	Everyone, squeeze together.
김치, 해보세요!	Say cheese!
카메라 보고 웃어봐.	Smile for the camera.
활짝 웃어봐.	Make a big smile, please.
긴장했잖아.	You look nervous.
멋진 포즈 좀 취해봐.	Try to look good.

	카메라에 포즈를 취해줄래?	Will you pose for my camera? • pose 포즈 잡다
	지나랑 제 사진 좀 찍어 주세요.	Mom, take a picture of Jina and me.
	이번엔 제가 찍을게요.	I'll take it this time.
	엄마, 저는 사진 찍기 싫어요.	I don't want to take a picture of myself, Mom. / I don't want my picture taken, Mom.
	카메라가 흔들렸다. 다시 한 번 찍자.	The camera was shaking. Let's take another picture.
	와, 멋지게 나왔는데.	Wow, it looks great.
	우리 딸 사진발 잘 받네.	My daughter is photogenic. / My girl looks great in a photo. • photogenic 사진이 잘 나오는
	사진 좀 보여주세요.	Show me the picture.
	사진 잘 나왔네요/안 나왔네요.	The picture looks good/bad.
	엄마는 사진을 잘 못 찍어.	I'm not much of a photographer.
	우리 가족사진 찍자.	Let's take a family photo.
	다른 사람한테 찍어달라고 하자.	Let's ask someone to take a picture of us.
	죄송하지만, 사진 좀 찍어주시겠어요?	Excuse me, but could you take a picture of us?
	내 폰카메라로 찍어.	Use the camera on my phone.
	폰을 가로로 찍어.	Turn the cellphone sideways. • sideways 옆으로
	이 사진 지워요.	Delete this picture, please.
	엄마가 이 사진 편집할 거야.	I will edit this photo. • edit 편집하다

Chapter 21

교통수단

걸어가기

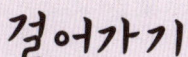 오늘 도서관까지 걸어갈까?   Will you walk to the library today?

 걸어서 가면 얼마나 걸려요?   How long does it take by walking?
• How long ~? 얼마나 오래 ~?

 20분쯤.   About 20 minutes.

 오늘은 걸어갈 거예요.   I'm going to walk today.

걸어가기엔 너무 멀어요.   It's too far to walk.

엄마 손 잡고 걸어야지.   Hold my hand and walk.

길에서 장난치면 안 돼.   Don't goof around on the street.

늦었으니 좀 더 빨리 걷자.   We're late. Let's walk faster.

 숨이 차요.   I'm breathless.   • breathless 숨찬, 헐떡이는

너무 많이 걸었어요. 좀 쉬어요.   We walked too much. Let's rest for a little.

다리가 아파요.   My legs hurt.

걸으니까 좋다, 그렇지?   It's nice to walk, isn't it?

개도 산책시키자.   Let's walk our dog, too.   • walk 산책시키다

걸으면 건강해질 수 있어.   We can be healthy if we walk.

꽤 멀리 온 것 같네.   It seems like we came pretty far.   • pretty 꽤

노래 부르면서 걸어갈까?   Want to sing while we walk?

더운데 뭐 좀 마실래?   Want to drink something since it's hot?
• since ~이므로, 때문에

길 건너기

 길 건널 땐 항상 차 조심해.   Always be careful of cars when crossing.

횡단보도로 건너야 한단다.   You should cross at the crosswalk.
• crosswalk 횡단보도

횡단보도 앞에서는 멈추어야 한다.   Stop in front of the crosswalk.

횡단보도에서 뛰지 마라.   Don't run in the crosswalk.

엄마, 초록불이 켜졌어요. 가요.   Mom, the light is green. Let's go.

초록불이 켜져도 좌우를 살피고 가렴.   Look to both sides and walk when the light turns green. • both sides 양쪽

길을 건널 때는 손을 들렴.   Hold your hand up when you cross.

초록불이 깜박거릴 때는 멈춰서.   Stop when the green light is flickering. • flicker 깜박거리다

다음 신호를 기다리자.   Let's wait for the next light.

무단횡단하면 안 돼!   Don't jaywalk! • jaywalk 무단횡단하다

여긴 신호등이 없네.   There are no lights here.

신호등이 없는 곳은 잘 살피렴.   Look carefully where there aren't any lights.

지하도가 있네.   There is an underpass. • underpass 지하도

육교로 건너자.   Let's cross on the overpass. • overpass 육교

엄마, 저 차는 빨간불인데 그냥 가요.   Mom, that car's running the red light.

저 운전자는 법규를 지키지 않았기 때문에 경찰이 잡아가.   The police will arrest the driver since he didn't follow the rules. • arrest 체포하다 • rule 규칙

차 타기

 차에 타자.   Let's get in the car. • get in (차에) 타다

누가 먼저 탈래?   Who wants to get in first?

잘 살피고 차문을 열어라.   Check before opening the door.

다른 차가 오나 잘 봐.   See if there are any cars coming.

안전벨트 매라.   Fasten your seatbelt. • fasten 묶다 • seatbelt 안전벨트

안전벨트 맸니?   Did you buckle up? • buckle up (벨트 등을) 채우다

안전벨트 하기 싫어요. I don't want to buckle up.

 차에 탈 땐 안전벨트를 매야 한단다. You need to buckle up when you're in a car.

 카시트에 앉아서 가기 싫어요. I don't want to ride in the car seat.

 제가 애기 같아 보인단 말이에요. It makes me look like a baby.

 그래도 거기에 앉는 것이 더 안전해. It's safer to sit in it, though.   • though 하지만, 그래도

문이 안 열려요. 열어주세요. The door's not opening. Please open it for me.

앞자리에 타면 안 돼요? Can I ride in the front seat?   • front 앞의

앞자리는 위험해서 아이들은 거기 앉는 거 아니야. The front seat's dangerous, so kids shouldn't sit there.

신발에 묻은 흙은 털고 차에 타. Get the dirt off your shoes and get in the car.
• dirt 흙

엉덩이 붙이고 편안히 앉아라. Sit back on your bottom.   • sit back 편안히 앉다

차에서 얌전히 있어야 해. 알았지? Sit still in the car. Okay?   • sit still 가만히 앉아 있다

출발하기 전에 빠뜨린 것 없는지 확인해봐. Check if you left anything before we move.

'출발' 해야지. Say, "Go!"

 출발! Go! / Move!

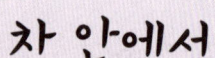

차 안에서

 조용히 하렴. 아빠 정신 사납다. Be quiet. You're distracting Dad.
• distract 정신을 산란하게 하다

창문 밖으로 손 내밀면 안 돼. Don't put your hand out the window.

너무 더워요. 창문 좀 내려주세요.   It's too hot. Roll down the window.

게임기 해도 돼요?   Can I play my portable video game?
• portable 휴대용의

딱 30분만 해라.   For only 30 minutes.

차 안에서 게임 하면 눈 나빠져.   Your eyesight will get bad if you play the game in the car. • eyesight 시력

차 안에서 책 읽으면 눈에 안 좋아.   Reading books in a car is bad for your eyes.

아빠 잠 안 오시게 노래 좀 불러볼래?   Sing a song for Daddy to keep him awake.
• awake 깨어 있는

아빠, 속도가 빨라요.   Dad, you're speeding. • speed 속도를 내다

화장실 가고 싶어요.   I want to go to the restroom.

휴게소에 들렀다 가요.   Let's stop at the rest area. • rest area 휴게소

CD 틀어줄까?   Want me to play a CD?

피곤하면 좀 자렴.   If you're tired, sleep a little.

도착하면 깨워줄게.   I'll wake you up when we get there.

다 왔어요?   Are we there yet?

얼마나 가야 해요?   How far should we go?

얼마나 더 가야 돼요?   How much more do we have to go?

멀미 나는 것 같아요.   I feel like I'm getting carsick. • carsick 차멀미

버스

오늘은 버스를 타자.   Let's take a bus today.

	버스 정류장이 저기 있다.	The bus stop is over there.
	노선도를 살펴보자.	Let's check the route. • route 노선, 경로
	몇 번 버스를 타야 해요?	What number bus do we need to take?
	5538번이나 571번 버스를 탈 거야.	We can take the number 5538 or 571 bus.
	버스 타려면 길 건너야 해.	We should cross the street to take the bus.
	버스가 왜 안 오지?	How come the bus isn't coming?
	저 버스는 몇 번이니?	What number bus is that?
	버스 왔다. 타자.	The bus is here. Let's get in.
	손잡이를 잡으렴.	Grab the handle. • grab 잡다, 움켜쥐다
	빈자리에 가서 앉아.	Go sit in an empty seat. • empty 빈
	할머니께 자리를 양보하렴.	Please give your seat to this lady.
	할머니/할아버지, 여기 앉으세요.	Sit here, ma'am/sir. ⇨ 영어권에선 낯선 어른한테 할머니, 할아버지라고 하지 않는답니다.
	목소리 줄이고 얌전히 있으렴.	Keep your voice down and behave.
	발로 장난하면 안 돼.	Don't play with your feet.
	버스 안에서 큰 소리 내면 안 돼.	You should not be loud inside the bus.

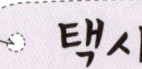

	택시를 타자.	Let's take a taxi.
	급하니까 택시를 타자.	Let's just take a cab since we're in a rush. • cab 택시 • in a rush 급한, 서둘러
	기본요금만 나올 거야.	Just the base fare will be charged. • fare 요금 • charge

택시 요금은 간 거리만큼 나와.　　Taxi fares depend on the distance traveled.
　　　　　　　　　　　　　　　　• depend on ~에 달려 있다　• distance 거리

요금이 많이 나왔네.　　　　　　The fare turned out to be expensive.

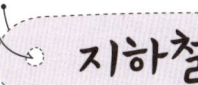 지하철　　　　　　　

 이모네 집에 지하철 타고 가자.　Let's take the subway to visit your aunt.
 몇 호선을 타야 해요?　　　　Which subway line do we need to take?
 1호선을 타야 돼.　　　　　　We need to take the number one line.
 엄마, 지하철 와요.　　　　　Mom, the train is coming.
　　저게 우리가 타야 할 전철이에요?　Is that the train we need to take?
 맞아. 안전선 뒤로 물러서렴.　Right. Step behind the safety line.
　　　　　　　　　　　　　　　　• safety line 안전선

　　사람들이 내리고 나서 지하철에 타렴.　Get on the subway train after people get off.
　　빨리 타!　　　　　　　　　　Hurry! Get in!　• get in 안에 타다
　　탈 때 발 조심해.　　　　　　Watch your step when you get on.
　　　　　　　　　　　　　　　　• watch one's step 조심하다　• get on 올라타다

 엄마, 빈자리가 있어요.　　　　Mom, there's an empty seat.　• empty 빈
　　가방 주세요. 제가 들고 있을게요.　Hand me the bag. I'll hold it.　• hand 건네다
　　명동까지 가는 데 몇 정거장 더 남았나요?　How many more stops are left to get to Myeongdong?　• get to ~에 도착하다

　　명동역은 여기서 세 정거장이야.　Myeongdong is three stops from here.
　　지하철 안에서 뛰지 마라.　　Don't jump around in the subway train.

Part 4

엄마표영어 학습 회화

Chapter 22 기본표현 말하기
Chapter 23 교과별 기초표현
Chapter 24 영어동화책을 읽어볼까?
Chapter 25 영어 동영상 보기
Chapter 26 영어일기 / 독후감 기초표현
Chapter 27 영어유치원 / 영어학원
Chapter 28 원어민교사와 상담하기

Chapter 22 기본표현 말하기

색깔

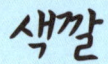 색 이름을 영어로 말해보자. Let's say the name of colors in English.

소방차는 무슨 색이지? What color is the fire truck?

이 셔츠는 무슨 색이니? What color is this shirt?

 셔츠 색은 파랑이에요. The color of the shirt is blue.

 너는 어떤 색을 가장 좋아하니? What is your favorite color?

나는 빨간색이 가장 좋아요. My favorite color is red.

엄마, 이건 무슨 색이에요? Mom, what color is this?

 그건 진한/연한 갈색이야. That is dark/light brown.
· dark 진한 · light 옅은

노랑과 파랑을 섞으면 무슨 색이 될까? What color will we get when we mix yellow and blue?

맞아! 노랑과 파랑을 섞으면 녹색이 된단다. Right! It turns green when we mix yellow and blue. · turn 변하다

어떤 색이 따뜻한/차가운 색일까? What color feels warm/cold?

 하양, 검정, 회색은 화려하지 않아요. White, black, and gray are not colorful. / White, black, and gray have no hue.
· hue 빛깔, 색조

엄마, 저는 무지개 색이 좋아요. Mom, I like the colors of the rainbow.

 빨강, 노랑, 파랑은 삼원색이란다. Red, yellow, and blue are the three primary colors. · primary color 원색

우리 집에서 보라색 물건을 찾아볼까? Can you find something purple in our house?

이건 무슨 색으로 칠하고 싶니? What color do you want this to be? / What color do you want for this?

 이건 분홍색으로 칠하고 싶어요. I want to color this pink.

숫자

 숫자를 영어로 배워보자. Let's learn numbers in English.

10까지 읽어보자. Let's read up to ten. · up to ~까지

1부터 10까지 셀 수 있니?	Can you count from one to ten?
10 이상을 셀 수 있니?	Can you count after/more than 10?
10 단위로 세어보자.	Let's count by tens.
와, 너 100도 영어로 말할 줄 알아?	Wow, you know how to say "100" in English?
엄마 눈은 몇 개지?	How many eyes does Mom have?
엄마 눈은 두 개예요.	You have two eyes.
 접시 위에 사과가 몇 개 있니?	How many apples are on the plate?
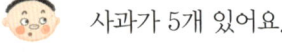 사과가 5개 있어요.	There are five apples.
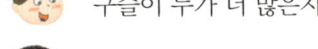 구슬이 누가 더 많은지 볼까?	Let's see who has more marbles. • marble 구슬
 내가 더 많아요.	I have more. / I'm the one who has more.
저는 구슬이 7개이고, 지나는 5개 갖고 있어요.	I have seven marbles, and Jina has five.
순서를 셀 때는 다른 숫자를 사용해.	The numbers are different when counting the order. • order 순서
어느 게 먼저인지 알아볼 때는 서수를 쓴단다.	We use ordinal numbers to see which comes first. • ordinal number 서수 (예를 들어 first, second, third 등)
책상에 서랍이 5개 있지?	The desk has five drawers, right?
화장대 세 번째 서랍을 열어봐.	Open the third drawer of the dresser. • dresser 화장대, 옷장

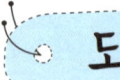 **도형**

책은 어떤 모양이니?	What shape is a book?

직사각형이요.   It's a rectangle.

 옷걸이는 무슨 모양이지?   What shape is a coat hanger?

 세모요.   It's a triangle.

 색종이는 무슨 모양이지?   What shape is colored paper?

 네모요.   It's a square.

 단추는 어떤 모양이지?   What shape is a button?

 동그라미요.   It's a circle.

 동그라미는 꼭지점과 변이 없어.   A circle has no points and no sides.   • point 점

 방 안에서 둥근 모양인 것이 보이니?   Can you see something round in the room?

 시계가 둥글어요.   The clock is round.

캔은 원통 모양이란다.   A can is in the shape of a cylinder.
• cylinder 원통

공은 구야.   A ball is a sphere.

도형의 이름

- 원 **circle**
- 삼각형 **triangle**
- 원주, 원기둥 **cylinder**
- 입체도형 **solid figure**
- 정사각형 **square**
- 원뿔 **cone**
- 각뿔 **pyramid**
- 직사각형 **rectangle**
- 정육면체 **cube**
- 평면도형 **plane figure**

	아이스크림콘은 무슨 모양이게?	What shape is an ice cream cone?
	원뿔이요.	It's a cone.
	주사위는 정육면체란다.	A dice is a cube.　• cube 정육면체

 **크기**

	코끼리는 큰데 토끼는 작네.	The elephant is big, but the bunny is little. • bunny 〈아동어〉 토끼
	아빠는 큰데 넌 작네.	Dad is big, but you are small.
	연필은 긴데 지우개는 짧아요.	The pencil is long, but the eraser is short.
	빌딩은 높은데 집은 낮네.	The building is high, but the house is low.
	너와 아빠 중에 누가 더 크니?	Who is taller, you or Daddy?
	우리 애기는 아빠보다 작지.	My sweet baby is smaller than his dad.
	엄마 손이 네 손보다 크구나.	Mom's hand is bigger than yours.
	엄마 책상이 네 책상보다 크단다.	My desk is larger than your desk.
	이 길이 저 길보다 좁네/넓네.	This street is narrower/wider than that one.
	이건 얼마나 긴지 보자. 이 자를 사용하렴.	Let's see how long this is. Use this ruler.

 신체

	신체 부위를 영어로 아니?	Do you know the body parts in English?
	이건 머리이고, 이건 얼굴이야.	This is the head, and this is the face.

	얼굴에는 뭐가 있지?	What do we have on our faces?
	코, 입, 눈, 귀가 있어요.	We have a nose, mouth, eyes, and ears.
	눈썹, 속눈썹, 턱, 뺨도 있어.	We also have eyebrows, eyelashes, a chin, and cheeks. • eyebrow 눈썹 • eyelash 속눈썹
	팔과 다리를 보여줘봐.	Show me your arms and legs.
	엄마, 내 손가락과 발가락 보세요.	Mom, look at my fingers and toes.
	배와 배꼽은 어디 있지?	Where's your tummy and belly button? • tummy〈유아어〉배 (= belly) • belly button 배꼽
	양팔을 돌려보자.	Turn your arms around.
	팔꿈치는 어디 있나?	Where is your elbow?
	양다리를 쭉 펴봐.	Stretch out your legs.
	무릎을 구부려 바닥에 앉아보렴.	Bend your knees and sit on the floor.
	이렇게 발을 굴러보렴.	Stomp your foot like this. • stomp 쿵쿵거리며 걷다
	애야, 엉덩이를 흔들어봐.	Shake your hips, Honey.
	엄마 엉덩이 무지 크다!	Mom's hips are huge!

쏙쏙 들어오는 Tip

엉덩이는 영어로 뭐라고 할까?

'엉덩이'는 일상생활에서 bottom이라고 합니다. 친한 사이에는 butt이라고 할 수도 있으나 자칫 욕설이 될 수 있기 때문에 bottom이라고 하는 것이 무난합니다.

동물/식물

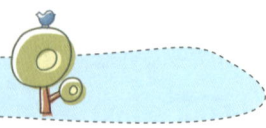

 동물에는 초식동물과 육식동물 두 종류가 있어.
There are two kinds of animals: plant eaters and meat eaters.

사람도 동물이란다.
Human beings are animals, too.

호랑이, 토끼, 개는 포유류야.
Tigers, rabbits, and dogs are mammals.
• mammal 포유동물

그들은 아기를 낳고 젖을 먹이지.
They give birth to babies and breast-feed them. • give birth to ~을 낳다 • breast-feed 젖을 먹이다

조류는 날개가 있고 알을 낳는단다.
Birds have wings and lay eggs.
• wing 날개 • lay eggs 알을 낳다

어류는 아가미가 있고 물속에 살지.
Fish have gills and live in the water.
• gills 아가미

악어 같은 파충류는 비늘로 덮여 있고 알을 낳아.
Reptiles like alligators are covered with scales and lay eggs. • reptile 파충류 • scale 비늘

개구리와 두꺼비는 양서류야.
Frogs and toads are amphibians.
• amphibian 양서류

그들은 물에서도 살고 땅에서도 산단다.
They live both in water and on land.

날개가 있고 다리가 여섯 개인 동물은 곤충이라고 해.
Animals with wings and six legs are called insects.

풍뎅이, 파리, 매미 같은 곤충도 동물이야.
Insects like beetles, flies, and cicadas are animals, too. • beetle 풍뎅이 • cicada 매미

동물과 식물의 차이점은 무엇일까?
What is the difference between an animal and a plant? • difference 차이점

 동물은 움직이고 식물은 움직이지 않아요.
Animals move, but plants do not move.

그래, 맞아. 동물은 스스로 움직일 수 있지만 식물은 못 그러지. | Yes, that's right. Animals can move by themselves, but plants can't do that.

동물과 식물은 생물이야. | Animals and plants are living things.
• living thing 생물

 엄마, 벌레는요? 그것들도 동물이에요? | Mom, what about worms? Are they animals, too?
• worm (땅 속에 사는) 벌레, 기생충

 벌레도 움직이니까 동물이란다. | Worms also move, so they are animals.

나무와 꽃을 식물이라고 해. | Trees and flowers are called plants.

식물은 뿌리, 줄기, 잎의 세 부분이 있단다. | Plants have three parts: roots, stems, and leaves.
• root 뿌리 • stem 줄기 • leaf 잎

땅속에서 뿌리가 식물을 단단하게 잡아준단다. | The roots hold the plant strongly in the soil.

식물은 잎사귀에서 음식을 만든단다. | Plants make food in their leaves.

식물은 성장하려면 햇빛과 물이 필요해. | Plants need sunlight and water to grow.

 날짜

 달력에는 날짜가 나와 있어. | The calendar shows the date.

1년은 열두 달이야. | There are 12 months in a year.

한 달에는 30일 또는 31일이 있어. | A month has 30 or 31 days.

오늘은 8월 6일이야. | Today is the sixth of August.

그럼 어제는 며칠이었지? | Then what was the date yesterday?

 8월 5일이요. | It was August fifth.

 그럼 내일은 며칠이지? | Then what will be the date tomorrow?

8월 7일이에요. It will be August seventh.

오늘부터 5일 후는 며칠이겠니? What date will it be five days from today?

그제는 뭘 했니? What did you do the day before yesterday?
• the day before yesterday 그제, 그저께

모래에는 우리 저녁 약속이 있어. We have dinner plans the day after tomorrow. • the day after tomorrow 모레

달력에는 음력과 양력 두 종류가 있단다. There are two types of calendars: the lunar calender and the western calendar.
• lunar 음력의, 달의

2월 7일은 네 양력 생일이지. February 7 is your birthday on the western calendar.

쏙쏙 들어오는 Tip

날짜 말하기

월 (month)
- 1월 January
- 2월 February
- 3월 March
- 4월 April
- 5월 May
- 6월 June
- 7월 July
- 8월 August
- 9월 September
- 10월 October
- 11월 November
- 12월 December

〈연도 읽는 법〉 1994: nineteen ninety-four
2011: two thousand eleven
〈월일 읽는 법〉 3월 3일: March third / the third of March

요일

일주일에는 7일이 있어. There are 7 days in a week.
월요일부터 금요일까지는 평일이야. From Monday to Friday are the weekdays.
토·일요일은 주말이라고 해. We call Saturday and Sunday the weekend.
오늘은 무슨 요일이니? What day is it today?

오늘은 목요일이에요. Today is Thursday.
어제는 수요일이었어요. Yesterday was Wednesday.
내일은 금요일이에요. Tomorrow will be Friday.

월요일 다음은 무슨 요일이니? What day comes after Monday?

화요일이요. It's Tuesday.
매달 둘째, 넷째 토요일은 학교에 안 가도 돼요. On the second and fourth Saturday of every month, you don't have to go to school.

저는 금요일이 제일 좋아요. 다음 날 쉴 수 있으니까요. I like Friday the most because I can rest the next day.
월요일이 제일 바빠요. Monday is the busiest day.

시간

하루는 24시간이란다. There are 24 hours in a day.
시계는 12시간만 나타나 있어. The clock shows only 12 hours.
그러니까 시침이 하루에 두 번 돈단다. So the hour hand goes around two times a day. • hour hand 시침

| 시계에서 짧은바늘은 시간을 알려 준단다. | The short hand tells you the hour on the clock. |

| 긴바늘은 분을 알려주지. | The long hand tells you the minute. |

| 시침이 1에 있고 분침이 12에 있으면 1시야. | When the hour hand points to 1 and the minute hand points to 12, it's 1 o'clock.
• point to ~을 가리키다 |

| 1시간은 60분이란다. | 1 hour is 60 minutes. |

| 1은 5분이고, 2는 10분이야. | 1 represents 5 minutes, and 2 represents 10 minutes.　• represent 나타내다 |

| 5씩 건너 세는 것과 마찬가지야. | It's like skip counting by 5s. |

| 1초는 눈 깜빡할 시간이란다. | One second is equal to one blink of an eye.
• equal to ~와 같은　• blink 눈 깜박거림, 눈을 깜박이다 |

| 60초가 1분이지. | 60 seconds are equal to 1 minute. |

| AM은 아침이고, PM은 낮과 저녁이야. | AM is the morning, and PM is the midday and evening. |

 지금 몇 시예요? — What time is it now?

 4시 45분이야. — It's four forty-five.

3시 15분 전이야. — It's fifteen to three.

계절

 너는 어느 계절이 제일 좋니? — Which season do you like the most?

 저는 봄이 제일 좋아요. — I love spring the most.

 일 년에는 사계절이 있단다. — We have four seasons in a year.

봄에는 꽃이 피고 푸른 새싹이 돋지.	In spring, the flowers bloom, and the green sprouts bud. • bloom 꽃이 피다 • sprout 새싹 • bud 싹을 틔우다
여름은 덥고 나무에 잎들이 무성해.	Summer is hot, and the trees are thick with leaves. • thick with ~이 가득한
여름에는 태풍과 장마가 오지.	Storms and the rainy season come during summer. • rainy season 장마철
가을에 나무들은 빨강, 노랑, 주황으로 색깔이 변하지.	During fall, trees change their colors to red, yellow, and orange.
겨울은 춥고, 때로 눈이 오기도 해.	Winter is cold, and sometimes snow falls.
지금은 8월이야. 우린 어떤 계절에 있지?	It's August. What season are we in?
계절은 여름이에요.	The season is summer.
한국은 사계절이 뚜렷한 걸로 유명해.	Korea is known for having four distinctive seasons. • distinctive 독특한, 뚜렷한
모든 나라가 사계절을 가지고 있진 않아.	Not all countries have four seasons.
학교는 봄에 시작돼요.	School starts in the spring.
여름에는 우리 모두 휴가를 가요.	We all go on vacation in the summer.
우리 학교는 가을에 운동회가 있어요.	My school has a sports day in the fall.
겨울에는 방학이 길어서 좋아요.	I love the long vacation in the winter.

미국의 운동회

우리나라의 운동회는 다양한 행사가 있지만, 미국에서는 Sports Day 또는 Track and Field Day라고 해서 달리기를 합니다. 개인별 장거리·단거리 경주, 자루에 들어가 뛰기(sack race), 계주(relay), 2인3각 달리기(three-legged race) 등을 해서 등수가 찍힌 리본을 줍니다. 체력 기르기와 재미를 더한 행사입니다.

위치

책상 아래에 공이 있구나.	There is a ball under the table.
책상 위에 컵이 있네.	There is a cup on the desk.
필통 안에 지우개가 있어.	There is an eraser inside the pencil case.
개집은 집 밖에 있어.	The doghouse is outside the house.
네 휴대전화는 네 가방 앞에 있어.	Your cell phone is in front of your bag.
네 휴대전화는 네 책 밑에 있어.	Your cell phone is under the book.
책의 우측 하단을 보세요.	Look at the bottom right of the book.
화면의 왼쪽 상단을 보세요.	Look at the top left on the screen.
길 건너편에 큰 백화점이 있네.	There is a big department store across the street.
우리 학교 근처에는 문방구가 있어요.	There is a stationery store near our school.
슈퍼마켓은 미용실 옆에 있어요.	The supermarket is next to the hair salon.
슈퍼마켓은 은행과 서점 사이에 있어요.	The supermarket is between the bank and the bookstore.
도서관 오른쪽에 경찰서가 있어요.	There is the police station to the right of the library.
학교 정문 왼쪽에 빵집이 있어요.	There is a bakery to the left of the school entrance.

직업

 아저씨는 뭐 하는 분이세요? — What do you do, sir?

 나는 소방관이야. — I'm a firefighter.

나는 의사야. — I'm a doctor.

나는 치과의사야. — I'm a dentist.

나는 경찰관이야. — I'm a policeman.

나는 우편배달부라서 편지를 배달하지. — I'm a mail carrier, so I deliver letters.
• deliver 배달하다

 할아버지는 어부셨단다. — Your grandfather was a fisherman.

삼촌은 농부셔. — Your uncle is a farmer.

세상에는 여러 가지 직업이 있단다. — There are a lot of different jobs in the world.

모든 직업이 다 중요하단다. — Every job is important.

직업의 종류

- 은행원 **bank teller**
- 가게 주인 **store owner**
- 수의사 **vet (= veterinarian)**
- 비서 **secretary**
- 사진작가 **photographer**
- 학생 **student**
- 교사 **teacher**
- 택시운전사 **taxi driver**
- 과학자 **scientist**
- 가수 **singer**
- 화가 **painter**
- 교장선생님 **principal**
- 점원 **clerk**
- 간호사 **nurse**
- 비행기 조종사 **pilot**
- 영화배우 **actor/actress**
- 우주비행사 **astronaut**
- 공무원 **public servant**

Chapter 23 교과별 기초표현

What is 10 plus 3?

10 +3 =

The sum is 13.

영어 파닉스

 이 알파벳들 좀 봐!   Look at all these letters of the alphabet!
⇨ 영어의 문자를 총칭할 때는 alphabet이고, 한 글자를 가리킬 때는 letter라고 합니다.

함께 알파벳송을 불러보자.   Let's sing the alphabet song together.

각 글자는 서로 다른 소리를 가지고 있어.   Each letter has a different sound.

글자를 합치면 단어가 되는 거야.   When we put some letters together, we can make words. • put together 합치다

	볼래? c, a, t가 있어. 이게 뭐지?	See? I have a "c", "a", and "t". What is this?
	CAT이에요.	It's "CAT."
	t, t, t,... t는 /t/ 소리가 나네.	t, t, t... The letter "t" sounds like /t/.
	a는 어떤 소리가 나지?	How does the letter "a" sound?
	짧은(단모음) a 소리를 들어보자.	Let's listen to a short "a" sound.
	긴(장모음) a 소리를 낼 테니 따라해봐.	I'll say a long "a," and you say it after me.
	cat이 되려면 c와 t 사이에 어떤 글자가 들어가야 할까?	What letter should come between "c" and "t" to make "cat"?
	c를 b로 바꾸면 무슨 단어가 되지?	If we change the "c" to "b", what word do we have?
	BAT이에요.	It's "BAT."
	카드 뒷면의 단어를 읽어보자.	Let's read the word on the back of the card.
	카드 중에서 /æ/ 소리가 들어 있는 단어를 찾아보자.	Let's find the word with the /æ/ sound from the cards.
	어떤 때는 두 글자가 하나의 소리를 내.	Sometimes two letters make just one sound.
	s 하고 h는 /ʃ/ 소리가 나. ship처럼 말이야.	The "s" and "h" make a /ʃ/ sound like in "ship."
	그런데 이 한 글자는 두 가지 다른 소리가 있어.	But this single letter has two different sounds.
	g는 go에서는 /g/인데 gel에서는 /ʒ/ 소리가 난단다.	The letter "g" sounds like the /g/ in "go" or the /ʒ/ in "gel."
	k가 n 앞에 오면 소리가 나지 않아.	When "k" comes before "n," it is silent.
		• silent 소리가 없는
	같은 소리로 시작하는 단어들을 찾아봐.	Look for the words that begin with the same sound. • look for ~을 찾다

| /e/ 소리로 시작하는 단어를 찾아보자. | Let's look for the word that starts with an /e/ sound. |
| 서로 운이 맞는 단어들을 찾아볼래? | Why don't you look for some words that rhyme with each other? • rhyme 운이 맞다 |

수학

● 더하기

3 더하기 2는 몇이지?	What's 3 plus 2?
3 더하기 2는 5예요.	3 plus 2 equals 5. • equal 같다 (= be equal to)
봐! 새 2마리가 더 왔어. 모두 몇 마리지?	Look! 2 more birds came. How many birds are there in all? • in all 모두 합해서
원래 3마리가 있었으니까 모두 5마리예요.	There were 3 birds already. So there are 5 birds all together.
그걸 식으로 쓰면 3+2=5야.	If we write it in a number sentence, it's 3+2=5. • number sentence 〈수학〉 식
5는 3보다 2만큼 크단다.	5 is 2 more than 3.

● 빼기

5 빼기 2는 얼마지?	What's 5 minus 2?
5 빼기 2는 3이에요.	5 minus 2 equals 3.
새가 5마리 있었는데 3마리가 날아가 버렸어. 새가 몇 마리 남았니?	There were 5 birds, but 3 birds flew away. How many birds are left?
5에서 3을 뺄게요. 지금 2마리가 남았어요.	I'll take away 3 from 5. 2 birds are left now. • take away 가져가다, 없애다

그걸 식으로 써보자. 5-3=2란다.　　Let's write it in a number sentence. It's 5-3=2.

엄마가 사과 5개 중에 2개를 가져갔어. 몇 개 남았니?　　I took away 2 apples from 5 apples. How many are left?

엄마가 사과를 3개 더 줄게. 이제 몇 개 가지고 있니?　　I will give you three more apples. How many do you have now?

2는 5보다 몇 작을까?　　By what number is 2 smaller than 5?

5보다 3 작은 건 뭘까?　　What is 3 less than 5?

 2는 5보다 3 작아요.　　2 is 3 less than 5.

● 곱하기

 3 곱하기 2는 뭐지?　　What's 3 times 2?

이 곱셈식을 읽어봐.　　Read this multiplication sentence.
　　• multiplication 곱셈

 3 곱하기 2는 6이에요.　　3 times 2 equals 6.

 엄마한테 3개씩 들어 있는 연필이 2세트 있어. 모두 몇 자루 있지?　　I have 2 sets of 3 pencils. How many pencils do I have?

 6자루예요. 3 더하기 3과 같아요.　　Six pencils. It's the same as 3 plus 3.

● 나누기

 6 나누기 2는 뭐지?　　What's 6 divided by 2?　• divided 나눈

이 나눗셈식을 읽어봐.　　Read this division sentence.
　　• division 나누기, 나눗셈

6 나누기 2는 3이에요.　　6 divided by 2 equals 3.

연필 6자루를 두 아이가 똑같이 나눠 가지려고 해. 각자 몇 자루를 가질 수 있지?
Two kids will share 6 pencils equally. How many pencils can each have?
• share 나누다　• equally 똑같이　• each 각각

 6을 2로 나누니까 한 아이가 3자루씩 가질 수 있어요.
Each kid can have 3 pencils because 6 is divided by 2.

● 분수

 하나를 똑같이 3개로 나누면, 각각의 조각을 3분의 1이라고 해.
If 1 is equally divided by 3, each part is called one third.

그건 4분의 1이라고 읽어.
It's read one fourth.

 1보다 작은 거예요?
Is it smaller than 1?

 이 빵을 3등분 해보자. 한 조각을 뭐라고 하니?
Let's cut this bread into 3 pieces. What do you call one piece?　• cut A into 3 pieces A를 3등분하다

 한 조각은 3분의 1이에요.
One part is one third.

 분수식은 이렇게 생겼어.
The fraction sentence looks like this.

 $\frac{3}{5}$이에요.
It's three fifths.

분수식 읽기

영어로 분수를 읽을 때는 우리와 달리 분자를 먼저 읽고 분모를 읽습니다. 분자는 기수로 읽고 분모는 서수로 읽으며 분자가 1 이상일 때는 분모에 -s를 붙입니다. 예를 들어 $\frac{3}{5}$은 three fifths라고 하죠. 5로 나눈 조각이 3개 있으므로 복수를 나타내는 -s를 붙이는 것입니다.

과학

● 천체

 지금은 낮이야. 어떻게 알 수 있지? — It's midday. How do you know that?

 왜냐하면 하늘에 해가 있잖아요. — Because the sun is in the sky.

 태양은 우리에게 빛과 열을 준단다. — The sun gives us light and heat.

해가 없다면 모든 생명체는 살 수가 없어. — Without the sun, no living things could live.

밤에는 어둡지. 하늘에서 뭐가 보이지? — It's dark at night. What do you see in the sky?

 밤하늘에는 달이 보여요. — We can see the moon in the night sky.

 달이 변하는 모습을 보자. — Let's see how the moon changes its shape.

보름달, 반달, 초승달이 있어. — There are a full moon, a half moon, and a crescent moon.
• full moon 보름달 • crescent moon 초승달

밤하늘에서 뭐가 또 보이지? — What else can we see in the night sky?

 많은 별을 볼 수 있어요. — We can see lots of stars.

 북두칠성을 찾아볼까? — Why don't we try finding the Big Dipper?
• Big Dipper 북두칠성

● 환경

 엄마, 재활용이 뭐예요? — Mom, what's recycling? • recycling 재활용

 헌 물건을 다시 쓰려는 거란다. — It's when we try to use old things again.

유리병은 다시 쓰기 위해 재활용할 수 있어. — We can recycle glass bottles to use them again. • recycle 재활용하다

샴푸를 너무 많이 쓰지 마라.	Don't use too much shampoo.
깨끗한 물이 점점 없어지고 있대.	It is said that we're running out of clean water. • run out of ~을 다 써버리다, 없어지다
너 물을 너무 낭비하는구나.	You're wasting too much water. • waste 낭비하다
물을 적게 써서 절약해야 해.	We should save water by trying to use less. • save 아끼다
도시에서는 숨 쉬기도 쉽지 않아.	It's not easy to breathe in the city.
차에서 나오는 매연이 공기를 오염시키고 있어.	Smoke from cars is polluting the air. • pollute 오염시키다
자전거는 공기를 오염시키지 않아요.	Bikes don't pollute the air.
자전거를 타면 탄소발자국을 줄일 수 있어.	When we ride our bikes, we can reduce our carbon footprint. • carbon footprint 탄소 발자국 (이산화탄소 배출량)
지금 지구는 아파. 우리가 보호해 줘야 해.	The Earth is sick now. We need to protect it.

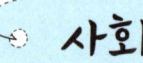 사회

우리 동네에 관해 얘기해보자.	Let's talk about our town.
집도 있고, 길도 있고, 많은 건물이 있어요.	There are houses, streets, and lots of buildings.
우리 마을 지도를 그려보자.	Let's draw a map of our town.
다른 사람들에게 우리 마을 자랑을 해보렴.	Tell the others something nice about our town.
우리 마을에 더 필요한 것이 무엇일까?	What do we need more of for our town?

	도시와 시골의 차이점이 뭘까?	What are some differences between the city and the country?
	도시에는 사람이 많이 살아요.	There are many people living in the city.
	시골/도시에 살면 어떤 점이 좋을까?	What is nice about living in the country/city?
	시골/도시에 살면 어떤 문제가 있을까?	What are some problems with living in the city/countryside?
	시골에 갔던 기억이 나니?	Can you remember when you went to the countryside?
	도시에 있는 직업은 어떤 것이 있을까?	What are some jobs that are found in the city?
	삼촌은 시골에서 사는 농부세요.	My uncle is a farmer who lives in the countryside.
	어부는 고기를 잡아 도시로 보내요.	A fisherman catches fish and then sends them to the city.
	광부는 점점 적어지고 있어.	Miners are getting smaller in number. • miner 광부 • in number 수적으로

체육

	체육 수업을 영어로 PE라고 해.	"체육" class is called PE in English. • PE 체육 (= physical education)
	지금 우리만의 체육시간을 갖자.	Let's have our PE class now.
	체육시간엔 체육복을 입는 게 좋아.	You'd better wear your gym clothes in PE class. • 'd (= had) better ~하는 게 낫다 • gym clothes 체육복
	운동화도 신고 싶어요.	I also want to wear my running shoes.

신난다! 모두 운동장으로 나가자!   Cool! Everyone, come out to the field!

준비운동부터 시작할게.   We will start with some warmup exercises.
• warmup 준비의

이렇게 팔다리를 쭉 뻗어봐.   Stretch your arms and legs like this.

두 팀으로 나누어서 경기를 할 거야.   We will divide into two teams and play a game.   • divide into ~로 나누다

 달리기 시합을 해요.   Let's have a race.

 출발선에 서세요.   Line up at the starting line.

운동장을 한 바퀴 뛰어.   Run around the field one time.

달리기 기록을 잰다.   I will record your running time.
• record 기록하다

있는 힘껏 열심히 해봐.   Try your best.

체육시간이 끝날 때는 정리운동을 한단다.   We do cool-down exercises at the end of PE.
• cool-down exercise (몸을 식히는) 정리운동

Chapter 24 영어동화책을 읽어볼까?

> Do you want me to read you a book?
>
> Sure. This book looks fun.

영어동화책 고르기

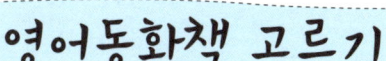 자, 오늘은 무슨 책을 읽을까?   Okay, so what are we going to read today?

 제가 고를래요.   I want to choose it by myself.

 엄마가 골라주세요.   I want you to pick for me, Mommy.

 읽고 싶은 책 가져와라.   Bring any book that you want to read.

 몇 권 읽을까?   How many books are we going to read?

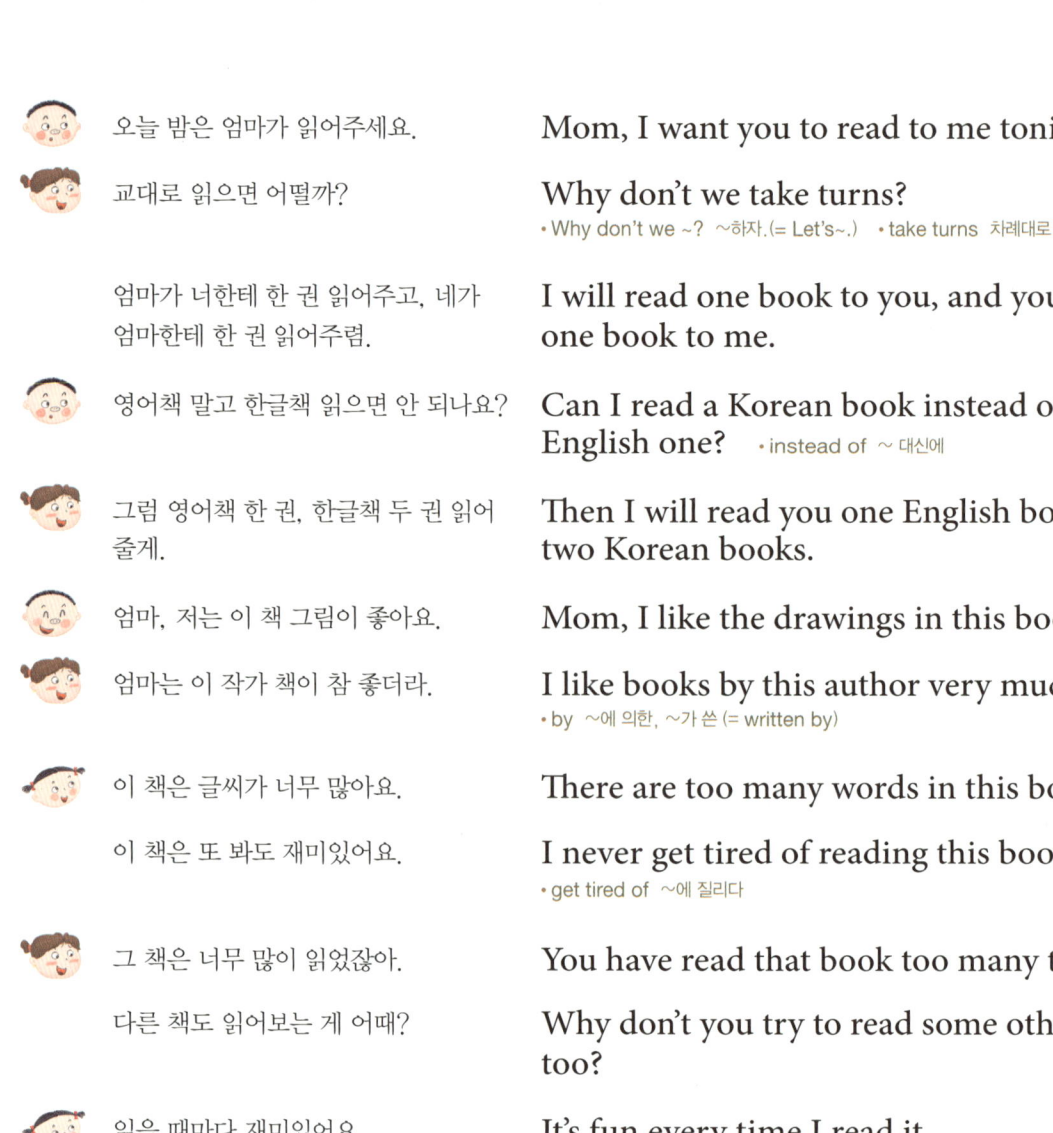

| 오늘 밤은 엄마가 읽어주세요. | Mom, I want you to read to me tonight. |

| 교대로 읽으면 어떨까? | Why don't we take turns?
• Why don't we ~? ~하자.(= Let's~.) • take turns 차례대로 하다 |

| 엄마가 너한테 한 권 읽어주고, 네가 엄마한테 한 권 읽어주렴. | I will read one book to you, and you read one book to me. |

| 영어책 말고 한글책 읽으면 안 되나요? | Can I read a Korean book instead of an English one? • instead of ~ 대신에 |

| 그럼 영어책 한 권, 한글책 두 권 읽어줄게. | Then I will read you one English book and two Korean books. |

| 엄마, 저는 이 책 그림이 좋아요. | Mom, I like the drawings in this book. |

| 엄마는 이 작가 책이 참 좋더라. | I like books by this author very much.
• by ~에 의한, ~가 쓴 (= written by) |

| 이 책은 글씨가 너무 많아요. | There are too many words in this book. |

| 이 책은 또 봐도 재미있어요. | I never get tired of reading this book.
• get tired of ~에 질리다 |

| 그 책은 너무 많이 읽었잖아. | You have read that book too many times. |

| 다른 책도 읽어보는 게 어때? | Why don't you try to read some other books, too? |

| 읽을 때마다 재미있어요. | It's fun every time I read it. |

| 이 책 재미있겠다. | This book looks fun. |

| 와, 표지가 예쁘네. 이 책 어때요? | Wow, the cover looks pretty. How about this book? • cover 표지 |

| 또 그 책이야? | That book again? |

| 이 책이 그렇게 재미있니? | Is this book that much fun? |

| 엄마가 정말 좋아하는 책을 골라왔네. | You chose a book that Mommy really likes. |

이 책은 너무 어려워요.　　This book is too hard/difficult.

 이 책은 아기들이 보는 거야.　　Hmm, this book is for babies.
다른 책을 골라보렴.　　Why don't you choose another one?

책을 그렇게 많이 가져왔어?　　Look at all the books that you brought! I'm
엄마 목쉬겠네.　　going to lose my voice.　• lose one's voice 소리가 안 나오다

스토리텔링

 자, 엄마가 이 책의 이야기를 들려줄게.　　Now I am going to tell you the story of this book.

 제목이 뭐예요?　　What is the title?

 이 책의 제목은 "구두장이와 꼬마요정"이란다.　　This book's title is *The Elves and the Shoemaker*.

작가는 그림 형제이고, 그림은 한나가 그렸구나.　　The authors are the brothers Grimm, and the illustrator is Hannah.
　• author 작가　• illustrator 삽화가

먼저 표지를 보자. 뭐가 보이지?　　Let's look at the cover first. What do you see?

 할아버지도 보이고, 구두도 보이고, 요정들도 보여요.　　I see an old man, some shoes, and elves, too.

 그럼, 이야기 속에서 어떤 일이 벌어질 것 같아? 한번 알아보자!　　So what do you think will happen in the story? Let's find out!　• find out 알아내다

그림을 좀 더 자세히 봐.　　Look more closely at the pictures.

 저 그 이야기 알아요.　　I know that story.

 네가 이미 알고 있는 그 이야기인지 확인해 보자.　　Let's check if this story is one you already know.

다음 페이지에서는 어떤 일이 일어날까?	What will happen on the next page?
그림을 봐. 무슨 일이 일어나고 있는 것 같니?	Look at the picture. What do you think is happening?
새가 날아가버릴 것 같아요.	I think the bird will fly away.
그래? 네 추측이 맞는지 읽어서 알아봐야겠다.	Really? I'll read and see if your guess is correct. • guess 추측 • correct 옳은, 맞는
빙고! 네가 한 말이 진짜 맞았네.	Bingo! What you said was actually right.
자, 책을 다 읽었어. 다들 재미있었니?	Now, we are done reading the book. Did you guys like it? • you guys 여러분 (여러 사람을 가리키는 말)
네. 또 읽어주세요!	Yes. Read it again, please!
어떤 부분이 가장 재미있었어?	Which part was the most interesting?
너무 재미있었어요/슬펐어요/지루했어요.	It was so fun/sad/boring.
종이봉투 공주가 왕자를 뻥 차버리는 게 재미있어요.	I like when the Paper Bag Princess kicked the prince.

큰 소리로 읽기

큰 소리로 읽어보자.	Let's try reading it out loud. • out loud 소리내어
천천히 읽어도 돼.	You can read it slowly.
엄마가 이쪽 페이지를 읽을 테니까, 네가 저쪽을 읽으렴.	I will read this page, and you read the other side.
책 읽어서 목이 아픈 것 같아요.	I think I have a sore throat from reading. • sore throat 목 따가움, 인후통
목소리를 아주 크게 낼 필요없어.	Your voice does not have to be very loud.

네 귀에 들릴 정도로만 하면 돼.	As long as you can hear yourself, it's fine. • as long as ~하는 한
하나도 안 들리네.	I can't hear you at all. • at all 전혀
틀려도 괜찮아. 엄마가 도와줄게.	It's okay if you get it wrong. I will help you.
엄마가 한 줄씩 읽을 테니 따라해봐.	I want you to repeat after me as I read line by line.
이 단어는 어떻게 읽는지 모르겠어요.	I don't know how to read this word.
발음이 정말 안 돼요.	I can't really pronounce it. • pronounce 발음하다
소리를 내봐. 'l'로 시작하네.	Try to sound it out. It starts with an "l."
녹음해서 들려줄게.	I will record it and let you listen to it.
계속 연습하면 확실히 좋아진단다.	If you keep on practicing, you will get better for sure. / Practice makes perfect. • get better 더 좋아지다　• for sure 확실히
R 소리는 한글의 'ㄹ'처럼 소리 내면 안 돼.	An R sound should not be equal to a "ㄹ" sound in Korean.
못 읽으면 엄마가 도와주세요.	If I can't read, I want you to help me.

눈으로 읽기

소리 내어 책 읽기 싫어요.	I don't want to read the book out loud.
그럼, 오늘은 조용히 읽으렴.	Well, then today you can read silently.
그렇더라도 꼼꼼하게 읽어야 한다.	But you still have to read it thoroughly. • thoroughly 철저히
엄마, 집안을 조용히 좀 해주세요.	Mom, I want the house to be quiet.

엄마, 저 벌써 한 권 다 읽었어요.	Mom, I finished reading one book already.
어머나, 그렇게 빨리 읽었어?	Wow, you read that fast?
읽다가 뭐 몰랐던 게 있니?	Is there anything that you didn't understand while you were reading?
언제든 물어봐도 돼.	You can always ask me.
모르는 단어가 나와도 그냥 쭉 읽어.	Even if you don't know some words, just keep on reading.
처음엔 책을 속으로 읽는 것이 힘들 수 있어.	At the beginning, you might find it hard to read books silently.
금방 적응할 거야.	You will get used to it very soon. • get used to ~에 적응하다
그림도 잘 보렴. 모두 재미있어.	Pay attention to the pictures, too. They all look interesting. • pay attention to ~에 주목하다, 집중하다
무슨 내용인지 생각하며 책을 읽으렴.	Think about what the story is about as you are reading the book. • what A is about A에 대한 것, A가 무엇인지
너 집중하지 않는 것 같다.	It seems like you're not paying attention.

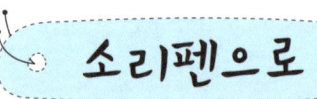

소리펜으로 읽기

소리펜 쓸래?	Would you like to use the reading pen? • reading pen 책에 대면 읽는 소리가 나는 펜
전원을 켜봐.	Press the power button.
소리펜을 문장에다 대봐.	Try scanning a sentence with the reading pen. • scan 훑다

이 펜이 지나간 문장을 읽어줘.	This pen reads the scanned sentences.
이 펜 아주 똑똑해요!	This pen is very smart!
펜이 읽는 걸 듣고 따라 해.	Listen to what the pen says and repeat after it.
이 펜이 네가 잘 읽게 도와줘.	This pen will help you read well.
소리펜 쓰는 거 정말 재미있어요.	I love using the reading pen.
마치 책이 말하는 거 같아요.	It's like the book is talking.
가볍게 터치하면 어떤 말도 다 읽어요.	With a simple touch, it can read any word.
다른 책 음원을 펜에 넣을 거야.	I am going to load another audio file onto the pen. *load 적재하다, 싣다
엄마, 이 책 음원도 넣어주세요.	Mom, please put this book's file on the pen, too.
소리펜 소리가 너무 작아요/커요.	The pen's sound is too loud/quiet.
이 스티커에 음원을 입혔어.	I added audio to this sticker.
스티커를 터치하면 소리를 들을 수 있단다.	You can tap the sticker to listen.

소리펜

어린이들이 책 읽을 때 많이 쓰는 소리펜은 영어로 a talking pen, a reading pen, a sound pen 등으로 불립니다. 정식 명칭은 a pen reader인데 스마트 시대에 맞춘 학습도구라 그냥 a smart pen이라고도 합니다.

네 소리를 녹음도 할 수 있어.	You can record yourself, too. • record 녹음하다
녹음버튼을 눌러.	Press the record button.
불이 깜박이면 녹음 할 수 있어.	When the light blinks, you can start recording. • blink 깜박이다
이 시리즈 책을 하나의 송카드로 만들었단다.	I put the sound files of the whole series together into one sound sticker sheet. • sound sticker sheet 여러 개의 음원스티커를 붙인 종이. 흔히 송카드라고 함
원하는 책을 펜으로 찍어봐.	Tap any book sticker you want with the sound pen.
헤드폰으로 들을래?	Do you want to use the headphones?
엄마, 펜에 배터리가 없어요!	Mom, the battery ran out.
엄마가 충전해 줄게.	Let me charge it for you.
외출할 때 펜 챙겨갈까?	Do you want me to bring your sound pen with us when we go out?
엄마, 책이랑 소리펜 가져갈래요!	Mom, can you please bring my reading pen?

단어 뜻 이해하기

이 페이지에서 모르는 단어가 있니?	Is there any word that you don't know on this page?
이 단어 기억하니?	Do you remember this word?
이 단어 다른 책에서도 나왔는데.	I remember seeing this word in another book.
아! 그 단어 알아요! 들어봤어요.	Oh! I know that word! I've heard it.

이건 처음 보는 단어지? | Is this your first time to see this word?

새로운 단어들을 한 번 더 보자. | Let's take a look at the new words once more.

오늘 알게 된 단어들에 표시해 놓을까? | Should we mark the words that you learned today?

엄마가 칠판에다 그 단어들을 적어 놓을게. | Mommy will write the words on the blackboard.

 우리말로 무슨 뜻이에요? | What does it mean in Korean?

 어떤 뜻일까 추측해봐. | Try to guess its meaning.   • guess 추측하다

그 단어 앞뒤를 보고 의미를 짐작해봐. | Try to guess its meaning by looking before and after the word.   • by -ing ~함으로써

사전을 찾아보자. | Let's look it up in the dictionary.
• look up (사전 등에서) 찾다

사전을 찾아볼까? | Do you want to look it up in the dictionary?

그 단어는 '튼튼한'이라는 뜻이란다. | That word means "strong."

그 단어가 무슨 뜻일지 한 번 더 생각해봐. | Try to think about what the word might mean one more time.

 엄마, 그 뜻은 내가 전에 배웠던 것과 달라요. | Mom, its meaning is different from what I learned before.

 그 단어에 여러 가지 뜻이 있단다. | The word has several meanings.   • several 여러 개의

줄거리 말하기

 이 책의 주인공은 누구니? — Who is the main character of the story?
• main character 주인공

 주인공은 헨젤이랑 그레텔이에요. — The main characters are Hansel and Gretel.

 그 아이가 무얼 하고 있지? 또 어디에서 그걸 하고 있을까? — What is the kid doing, and where is he doing it?

개가 왜 그렇게 행동했을까? — Why did he act that way? • act 행동하다

처음에 무슨 일이 생겼니? — What happened in the beginning?

그런 일은 왜 생겼을까? — Why did that happen?

이야기 중간에는 무슨 일이 생겼지? — What happened in the middle of the story?
• in the middle of ~ 중간에, 중도에

이제 그 행동의 결과를 보자. — Now let's see the results of that action.
• result 결과

이 상황에서 걔 기분이 어땠을까? — How would he have felt in this situation?

너라면 어떻게 했겠니? — What would you have done if that were you?

 내가 걔라면 그렇게 안 했을 거예요. — I don't think I would have done that if I were him.

 그 다음에는 어떻게 됐지? — After that, what happened?

마지막에 어떻게 될 것 같아? — What do you think will happen in the end?

이야기 마지막에 무슨 일이 생겼지? — What happened at the end of the story?

이야기가 어떻게 끝났으면 좋겠니? — How would you like the story to end?

문제가 어떻게 해결되니? — How is the problem solved? • solve 해결하다

주인공이 어려움을 이겨내요.　　The main character overcame the difficulty/ challenge.　• overcome 극복하다

그들이 잃어버린 열쇠를 찾았을 때 문제가 해결되었어요.　　The problem was solved when they found the lost key.

이야기가 해피엔딩으로 끝나서 정말 다행이에요.　　I'm so relieved that the story ended happily.
• relieved 안도하는, 다행으로 여기는

등장인물에 대해 얘기하기

 이 책에는 누가 나오나 보자.　　Let's see what characters are in this book.

이 책은 동물이 주인공이구나.　　An animal is the main character of this book.

여자아이가 뭘 하고 있지?　　What is the girl doing?

이 부분에서 왜 소년이 화가 났을까?　　Why was the boy mad in this part?

그는 어떤 사람이니?　　What kind of person is he?

누가 제일 맘에 드니?　　Who do you like the most? / Who is your favorite character?

 나는 키퍼가 제일 좋아요.　　I like Kipper the most.

아서는 몇 살이에요?　　How old is Arthur?

엄마, 네이트는 만날 팬케이크만 먹어요.　　Mom, Nate always eats pancakes.

파리가 어떻게 말을 해요?　　How can the fly talk?

 음, 책에서는 동물들도 서로 이야기할 수 있단다.　　Well, in books, animals can talk with one another.

 엄마, 이 남자아이는 너무 바보같아요.　　Mom, I think this boy is really silly.
• silly 어리석은

엄마, 이 아이 엄마는 어디 있어요?	Mom, where is this child's mother?
얘는 혼자 살아요?	Does he/she live alone?
공주가 왜 이렇게 못생겼어요?	How come the princess is so ugly?
이 책엔 주인공이 여러 명이네.	There are several main characters in this book.
아서보다 DW가 더 주인공 같아요.	I think DW is more like the main character than Arthur.
주인공이 어떻게 생겼지?	What does the main character look like?
주인공은 무슨 일을 했지?	What did the main character do?
주인공은 어디에서 누구와 함께 살고 있니?	Where, and with whom, does the main character live?
이야기가 진행되면서 그의 마음이 어떻게 변했지?	How did his feelings change throughout the book? • throughout ~동안, 내내

동화 듣기

잘 들어.	Please listen carefully.
집중해서 이야기를 들어봐.	Concentrate and listen to the story.
CD로 이야기를 듣게 될 거야.	You will hear a story from the CD.
단어를 보면서 들어.	Look at the words as you are listening to it.
손가락으로 단어를 짚어가면서 들어봐.	You can point to the words with your finger while listening. • point to (손가락으로) ~을 가리키다
자, 그럼 CD 틀어줄게.	Okay, I'll turn on the CD then.

어떤 내용인지 생각하면서 들으렴.	Think about the story while you are listening.
한 번 더 듣고 싶어요.	I want to listen to it one more time.
조금만 앞으로 다시 돌려주세요.	Can you play the last few seconds again? / Can you play that last minute again?
앞 트랙으로 돌려주세요.	Can you go back and play the last track?
엄마, CD 잠깐만 멈춰주세요.	Mom, can you stop the CD for a minute?
저 사람이 너무 빨리 말해서 어디 읽는지 모르겠어요.	I don't know where to read because the person is speaking too fast.
페이지를 넘겨. 중간 부분이야.	Turn the page. It's on the middle part.
아래/위에서 다섯째 줄이야.	It's the 5th line from the bottom/top.
목소리가 아주 웃겨요. 하하!	The voice sounds really funny. Haha!
너무 어려워요. 다른 것 듣고 싶어요.	It's too difficult. I want to listen to a different one.
엄마가 그 책 읽어주세요.	I want you to read the book to me.
헤드폰을 씌워줄까?	Do you want me to put the headphones on you?
이야기 잘 듣고 있니?	Are you doing fine listening to the story?
엄마도 이 부분이 제일 재미있더라.	Mommy finds this part to be the most fun, too.
그 부분을 놓쳤구나.	You missed that part.

• miss 놓치다

독서 후 활동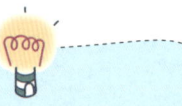

 그 책 어땠니? — How was the book?

 감동적이에요/재미있어요/그저 그래요. — It was moving/fun/just okay.   • moving 감동적인

 너무 어려웠니? — Was it too difficult for you?

 거의 다 알겠어요. — I understood most of it.

무슨 내용인지 모르겠어요. — I don't know what the story is about.

 그 내용에 대해 엄마랑 이야기해볼까? — Do you want to talk about the story with Mommy?

이야기를 같이 요약해보자. — Let's summarize the story together.
• summarize 요약하다

 엄마, 제가 책 내용이 뭔지 이야기 해드릴게요. — Mom, let me tell you what the story is about.

 독서록 적어볼까? — Do you want to try writing a book report?
• book report 독후감, 독서록

주인공에게 편지를 써보자. — Let's write a letter to the main character.

너랑 나랑 함께 역할극 해볼까? — Why don't you and I do the role-playing activity together?   • role-playing activity 역할극

그 책 다 읽었으니 독서기록표에 써놓으렴. — Write in your reading log since you're done reading it.   • reading log 독서기록표 (log: 일지)

 여태까지 200권 읽었어요. — I've read 200 books so far.
• so far 지금까지

Chapter 25 영어 동영상 보기

영어 DVD 고르기

 엄마, DVD 볼 시간이에요! 　　Mom, it's time to watch a DVD!

　　엄마, DVD 봐도 돼요? 　　　　Mom, can I watch a DVD?

 오늘은 무슨 DVD를 볼래? 　　What DVD do you want to watch today?

　　얼마 전에 새로 산 걸로 볼까? 　Want to watch the new one that we recently bought? • recently 최근에

　　네가 골라보렴. 　　　　　　　Why don't you pick one by yourself?
　　　　　　　　　　　　　　　　• Why don't you ~? 〈권유 표현〉 ~하는 게 어때?

"까이유" 틀어주세요. | Please turn on *Caillou*.

"신기한 스쿨버스" 보고 싶어요. | I want to watch the *Magic School Bus*.

 엄마가 골라줄까? | Do you want me to choose it for you?

그건 너무 많이 봤는데. | You have watched it too many times.

다른 걸 골라보는 게 어때? | Why don't you try to choose another one?

 오늘 DVD 두 개 보면 안 돼요? | Can I see two DVDs today?

 음, TV를 너무 많이 보면 안 좋은 거 너도 알잖아. | Well, you know that watching too much TV is not good for you.

 그거 또 보면 안 돼요? | Can I watch it again?

어제 본 것 보고 싶어요. | I want to watch the one that I saw yesterday.

어제는 민수가 자기 좋아하는 것 골랐으니까 이젠 제가 DVD 고를 차례예요. | It's my turn to choose the DVD because Minsu picked his favorite yesterday.

 우리 딱 30분만 DVD 보도록 하자. 알겠지? | We'll watch the DVD for 30 minutes only. Okay?

 저는 디즈니 만화가 제일 재미있어요. | I like the Disney animations the most.
• animation 만화

영어 자막 있는 걸로 볼래요. | I want the English subtitles.   • subtitle 자막

한글 자막으로 보면 안 돼요? | Can I watch it with the Korean subtitles on?

 자막 없이 보자. | Let's watch it without any subtitles.

이번만 볼 수 있다. | You can watch it this time only.

음, 오늘은 여기까지만 보자. | Well, let's stop here today.

DVD 틀기

 엄마, DVD 어떻게 틀어요? — Mom, how do I turn on the DVD?

 엄마가 어떻게 하는지 보여줄 테니 잘 봐. — I will show you how, so watch carefully.

리모컨으로 조종하도록 하자. — Let's try to control it with the remote control. • remote control 리모컨 (줄여서 remote라고도 함)

DVD를 플레이어에 집어넣으렴. — Place the DVD into the player.

가운데 구멍에 집게손가락을 넣고 다뤄야 해. — Handle it by inserting your index finger into the center hole. • handle 다루다 • insert 삽입하다

DVD가 긁히면 고장날 수 있어. — If DVDs get scratched, they can be broken. • get scratched 긁히다 • broken 고장난

 엄마, 제가 DVD 켤게요. — Mom, I want to turn the DVD on by myself.

 그래, 좋아. 해보렴! — Okay, sure. Give it a try!

뚜껑을 닫고 재생 버튼을 누르렴. — Put the lid back and push the play button. • lid 뚜껑

TV는 '외부입력' 모드로 바꾸고. — Change the TV into "outside input" mode.

  엄마, 작동이 안 돼요. — Mom, it does not work./it's not working.

이 부분은 벌써 봤어요. 다음 부분으로 넘겨주세요. — I saw this part already. Please skip the movie to the next part. • skip 건너뛰다, 거르다

 소리가 너무 크구나. 좀 줄이렴. — It's too loud. Please turn it down. • turn down (소리를) 낮추다

소리가 너무 크지 않니? — Don't you think the sound is already too loud?

 이 정도면 적당한 것 같은데요. — I think this will be just right.

	볼륨 좀 더 크게 해주세요.	Can you please turn the volume up a little? • turn up (소리를) 높이다
	볼륨을 좀 더 올려줄까?	Do you want me to turn up the volume a little bit?
	그렇게 크게 들으면 귀에 문제 생긴단다.	If you listen to it that loud, your ears will get hurt. • get hurt 다치다
	정지 버튼을 누르렴.	Press the stop button.
	디스크가 도는 걸 멈추면 꺼내자.	When the disc stops spinning, we'll take it out. • spin 돌다 • take out 꺼내다
	다 봤으면 TV랑 오디오 반드시 꺼라.	When you are finished, be sure to turn the TV and audio off.
	DVD를 케이스에 다시 잘 넣으렴.	Put the DVD back into the case carefully.

유튜브 동영상 보기

	엄마, 폰으로 유튜브 봐도 돼요?	Can I watch YouTube on your phone? • YouTube 동영상포털
	엄마, 슈퍼심플송 틀어주세요.	Mom, can you turn on *Super Simple Songs*?
	네가 유튜브로 봐.	Watch it on YouTube.
	유튜브 한 시간 만 봐.	You can only watch YouTube for an hour.
	유튜브에 재미있는 동영상이 많아요.	There are a lot of fun videos on YouTube.
	나도 동영상 찍어서 올리고 싶어요.	I want to film a video and upload it on YouTube.
	우리 예령이 영어책 읽는 동영상 올리자.	Let's upload some videos of Yeryung reading English books aloud.

와, 조회수가 자꾸 올라가네.   Wow, the number of views is going up.

 유튜브 계속 보면 눈 나빠져.   Your eyesight will get bad if you constantly watch YouTube.
• eyesight 시력   • constantly 끊임없이, 계속

오늘은 그만 보고 주말에 보자.   Let's stop watching today and continue this weekend.
• continue 계속하다

 페파 피그 한 편만 볼게요.   I'll just watch one episode of *Peppa Pig*.

유튜브에 광고가 많아서 짜증나요.   It's annoying that there are so many ads on Youtube.
• ads = advertisements 광고

 건너뛰기 하고 봐.   You can just skip it.
• skip 건너뛰다

무료로 볼 수 있는 좋은 게 참 많단다.   There are lots of things to watch for free.
• for free 무료로

유튜브로 교육적인 것 좀 봐라!   Watch something educational on YouTube!

폭력적인 동영상도 있으니 엄마한테 허락 맡고 보렴.   There are some videos with violent content, so remember to ask for my permission first.
• permission 허락

Chapter 26 영어일기/독후감 기초표현

> **What should I write in my diary?**
>
> **Try to think what you did today.**

영어 독후감

이 책의 제목은 "고맙습니다 선생님"이다.	The title of the book is *Thank You, Mr. Falker*.
이 책의 저자는 패트리샤 폴라코이다.	The author of the book is Patricia Polacco.
삽화가는 아만다 스미스이다.	The illustrator is Amanda Smith.
이야기의 주인공은 트리샤이다.	The main character of the story is Trisha.
주인공은 트리샤와 폴커 선생님이다.	The main characters are Trisha and Mr. Falker.

이야기의 배경은 1950년대이다.	The setting of the story is the 1950s.
나는 폴커 선생님이 훌륭한 선생님이라서 이 이야기를 좋아한다.	I like the story because Mr. Falker is a great teacher.
내가 가장 좋아하는 부분은 트리샤가 폴커 선생님이랑 읽기 공부할 때이다.	My favorite part is when Trisha learns how to read with Mr. Falker.

영어일기

● 좋은 기분

영어로 일기 써야지.	I will write a journal in English.
오늘 나는 너무 흥분됐다.	I was so excited today.
술래잡기가 정말 재밌었다.	Playing tag was really fun. •tag 술래잡기
오늘은 완전 환상적인 날이다!	Today is such a fantastic day!
만날 오늘 같으면 좋겠다.	I hope every day will be like today.
기쁘게도 엄마가 새 바지를 사주셨다.	I am so happy my mom bought me new pants. •to one's happiness 기쁘게도
너무 좋아서 펄쩍펄쩍 뛰었다.	I was so happy that I jumped up and down.
오늘을 절대 잊지 못할 것이다.	I will never forget today.
시험에서 100점 맞아서 정말 기쁘다.	I'm very happy because I got a perfect score on my test. •perfect 완벽한 •score 점수
웃겨서 죽는 줄 알았다.	I was laughing to death. •to death 극도로, 매우
처음으로 기차를 탔는데 엄청 신기했다.	It was my first time to ride on a train, and I felt amazing. •amazing 굉장한, 놀라운

Chapter 26 영어일기/독후감 기초표현

● 싫은 기분

기분이 엉망이다.	I feel terrible.
정말 속상하다.	I'm really distressed. • distressed 괴로워하는
친구와 싸웠다.	I fought with my friend.
돈을 잃어버렸다.	I lost my money.
모든 일에 짜증이 났다.	I got annoyed at everything. • get annoyed 짜증나다
내가 가장 아끼는 장난감이 고장 났다.	The toy that I like the most is broken.
고칠 수 없을까 봐 걱정이다.	I am worried that I might not be able to get it fixed. • get A fixed 고치다, 수리하다
학교에서 어떤 큰 애가 내 등을 때렸다.	A big kid hit me in the back at school.
눈물이 나오려는 걸 꾹 참아야 했다.	I had to force myself not to cry. / I tried not to cry very hard. • force oneself to 억지로 ~하다
동생에게 화를 내서 미안하다.	I feel sorry for my brother because I got mad at him. • get mad at ~에 화나다
엄마한테 혼나서 매우 우울하다.	I am very depressed because I got scolded by Mom. • depressed 우울한 • get scolded 혼나다
친구가 이사 가서 너무 슬펐다.	I was very sad because my friend moved away. • move away 떠나다, 이사하다
상을 못 받아서 속상하고 슬프다.	I feel bad and sad about not winning the prize. • win the prize 상을 받다
언니를 정말 때려주고 싶었다.	I wanted to hit my sister so much.
오늘 비 때문에 나갈 수가 없었다.	I could not go out today because of the rain.
오늘은 계속 나쁜 일만 많이 생겼다.	So many bad things kept happening today.
우리 물고기가 죽어서 마음이 너무 아팠다.	My heart was aching so much because my fish died. • aching 아픈

Chapter 27 영어유치원/영어학원

Let's turn to page 10.

Sorry, I forgot to bring my book.

흔히 쓰는 교실영어

● **선생님이 흔히 쓰는 표현**

여러분, 안녕하세요!	Hello, everyone!
주말 잘 보냈나요?	How was your weekend?
자기소개 해볼까요?	Shall we introduce ourselves?
출석을 부를게요.	Let me take attendance. • attendance 출석, 참석

출석 부를 시간이에요.	It's time to call the roll. • call the roll 출석을 부르다
책 잊어먹고 안 가져온 사람?	Did anyone forget to bring their books?
지난 시간에 어디까지 했지?	Where did we stop last time?
자, 10쪽 펼쳐보세요.	Okay, let's turn to page 10.
영어로 '회사'를 뭐라고 하나요?	What do we call '회사' in English?
답을 아는 사람, 손들어 보세요.	Anyone who knows the answer, please raise your hand.
그럼 누가 발표해볼까?	So who wants to share his/her opinion? • opinion 내다, 제출하다
누가 먼저 해볼래?	Who wants to go first?
선생님을 따라해보세요.	Repeat after me.
잘 들어보세요.	Listen carefully.
알겠어요?	Is everything clear?
다 이해되었나요?	Did you guys understand everything?
어떻게 생각해요?	What do you think?
숙제했어요?	Did you do your homework?
숙제를 제출하세요.	Please turn in your homework. • turn in 내다, 제출하다
금요일까지 숙제를 제출하세요.	Please submit your homework by Friday. • submit 제출하다
이 연습문제지를 돌리세요.	Please pass around the worksheets. • worksheet 연습문제지
네가 이 프린트물을 모두에게 나눠줄래?	Will you pass out the handouts to everyone? • handout 유인물

이것을 옆 사람에게 돌리세요.	Please pass this along to the next person.
한 장 갖고 나머지는 뒤로 넘기세요.	Please take one and pass the rest back.
게임을 해봐요.	Let's play a game.
4명씩 조를 만드세요.	Group yourselves into 4. / Make groups of 4, please.
자, 이번엔 누구 차례죠?	So, whose turn is it now? • turn 차례, 순서
자, 오늘 수업은 여기까지예요.	Okay, this is it for today's lesson.
오늘은 여기까지 할게요.	Let's stop here for today.
다음 시간에 만나요.	See you next time.
영어로 이야기하세요.	Please speak in English.

● **학생들이 흔히 쓰는 표현**

책을 깜박하고 안 가져왔어요.	I forgot to bring the book.
아직 숙제를 다 못했어요.	I haven't finished my homework yet.
잘 안 보여요.	I can't see it clearly.
질문 있어요.	I have a question.
선생님, 도와주세요.	Sir/Ma'am, I need your help.
저요, 저요! 저부터 할래요!	Me, me! I want to go first!
이거 너무 어려워요/쉬워요.	This is too difficult/easy.
월요일엔 유치원에 못 와요.	I can't come to school on Monday. / I have to miss school on Monday.
화장실 가도 되나요?	Can I go to the bathroom?
한국말로 해도 돼요?	Can I speak in Korean?

이거 어떻게 발음해요?	How do I say this?
이거 뭔지 모르겠어요.	I don't know what this is.
스티커 주세요.	Can I get a sticker?

영어 이름

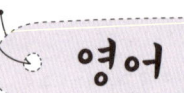 네 영어 이름은 뭐니? — What is your English name?

제 이름은 켈리예요. — My name is Kelly.

제가 가장 좋아하는 이야기의 주인공 이름에서 땄어요. — I got this name from the main character of my favorite story.   • main character 주인공

전 영어 이름이 없어요. — I don't have an English name.

제 한국 이름은 발음하기 쉬워요. — My Korean name is easy to say.

외국인들도 제 이름을 쉽게 불러요. — Foreigners can say my name easily.

 네 한국 이름은 발음하기가 어렵구나. — Your Korean name is hard to pronounce.   • pronounce 발음하다

 제 이름은 제니퍼인데요, 제니라고 불러주세요. — My name is Jennifer, but you can call me Jenny.

소피아라고 불러주세요. — Call me Sofia.

 와, 유명한 영화배우 이름이네. — Wow, it's the name of a famous actress.

스펠링이 어떻게 되니? — How do you spell it?   • spell 철자를 말하다/쓰다

 S O P H I A 예요. — It's spelled S, O, P, H, I, A.

나이

 몇 살이니? — How old are you?

 저는 여섯 살입니다. — I'm 6 years old.

한국 나이로는 일곱 살입니다. — In Korean age, I'm 7 years old.

 넌 나이에 비해 꽤 크구나. — You are very tall for your age.
• for one's age ~의 나이에 비해

몇 년도에 태어났니? — In what year were you born?

 2005년에 태어났어요. — I was born in the year 2005.

2003년 2월생이에요. — I was born in February 2003.

저는 원숭이띠예요. — I was born in the year of the monkey.

재랑 동갑이에요. — He/She is the same age as me.

제가 재보다 한 살 더 어려요. — I'm a year younger than she/he.

 몇 학년이니? — What grade are you in?

 2학년이에요. — I'm in the second grade.

저는 1학년이어도 아직 일곱 살이에요. — I'm still 7 years old although I'm already in the first grade.

초등학교에 1년 일찍 들어갔어요. — I was enrolled in elementary school a year early. • enroll 등록하다

교사의 행동 지시

 조용히 하세요. — Be quiet, please.

떠들지 마세요.	No talking, please.
집중하세요.	Concentrate, please. / Pay attention, please.
똑바로 앉으세요.	Sit properly, please.
장난하지 마세요.	Do not joke around. / Stop playing around.
욕하지 마세요.	Do not swear. • swear 욕하다
작은 목소리로 얘기하세요.	Please talk in a quiet voice.
옆 사람과 잡담하지 마세요.	No chatting with the person sitting next to you. • chat 수다 떨다
손장난하지 마세요.	Do not play with your hands, please.
의자 소리 내지 마세요.	Try not to make any noise with your chairs. • noise 시끄러운 소리
계단에서 장난치면 아주 위험해요.	It's very dangerous to play around in the stairway. • dangerous 위험한
복도에서 뛰지 마세요!	No running in the hallway! / Do not run in the hallway. • hallway 복도
어른에게 공손하게 인사하세요.	Say hello to an adult in a polite way. • polite 공손한
껌 뱉으세요.	Please spit out the gum. • spit out 뱉다
손 들고 이야기해야지.	You should raise your hand before you talk.
선착순이에요.	First come, first served.
누가 먼저 손 들었나? 순서를 따르자.	Who raised his/her hand first? Let's follow the order. • follow 따르다 • order 순서
친구가 말할 때 끼어들면 안 돼요.	Do not interrupt your friend while he/she is talking. • interrupt 방해하다, 끼어들다

줄을 서세요.	Please stand in line.
친구들을 때리면 경고 줄 거예요.	I will give you a warning for hitting your friends. • warning 경고
학용품을 낭비하면 안 돼요.	Please do not waste school supplies. • waste 낭비하다
예쁘게 말해야지.	You should speak politely. / You should speak in a polite way.
예의 바르게 행동하세요.	Please behave well.
쓰레기는 쓰레기통에 넣자.	Let's put the trash in the trash can. • trash 쓰레기
자원과 에너지를 아끼자.	Let's conserve our resources and energy. • conserve 아끼다, 아껴 쓰다

Chapter 28 원어민교사와 상담하기

"Does she understand the lesson well?"

"Absolutely! Eunji is a great student."

교사

● 학생 장점 말하기

 민수는 수업시간에 집중을 잘합니다.   Minsu concentrates well during class.
• concentrate 집중하다

똑똑합니다.   He is smart/intelligent.

수업에 잘 참여합니다.   He participates well in class.   • participate 참여하다

학습에 대한 열의가 있습니다.   He is passionate about studying.
• passionate 열정적인

배우는 것을 좋아합니다.	He loves learning.
기억력이 좋습니다.	He has a good memory.
매사에 아주 적극적이고 의욕이 넘칩니다.	He is very active and enthusiastic in everything he does. • enthusiastic 의욕적인
새로운 환경에 잘 적응합니다.	He adapts well to a new environment. • adapt 적응하다 • environment 환경
끈기가 많습니다.	He has a lot of perseverance. • perseverance 끈기, 인내
호기심이 많습니다.	He has a lot of curiosity. • curiosity 호기심
성실합니다.	He is diligent. • diligent 부지런한
뭐든 열심히 합니다.	He works hard at everything. / He is a hard worker.
또래에 비해 뭐든 빠릅니다.	He is ahead of kids his age in everything. • ahead of ~에 앞선
다른 사람에게 매우 친절합니다.	He is very friendly/kind to others.
다른 사람을 많이 배려합니다.	He is very thoughtful and considerate of others. • thoughtful 배려심 있는, 사려 깊은 • considerate 사려 깊은
겸손합니다.	He is humble/modest. • humble 겸손한 • modest 겸손한
아주 활발합니다.	He is very active. / He is full of energy.
매우 긍정적인 성격입니다.	He is very positive. • positive 긍정적인
책임감이 아주 강합니다.	He is very responsible.
성격이 아주 좋습니다.	He has a great personality. • personality 성격
대인관계가 좋습니다.	He gets along well with everyone. • get along with ~와 잘 어울리다

주위에 친구가 많습니다.	He has a lot of friends around him.
나이에 비해 성숙합니다.	He is more mature than his age.

• mature 성숙한

● 학생 문제점 지적하기

고집이 셉니다.	She is stubborn.
부끄럼을 잘 탑니다.	She is very shy.
겁이 많습니다.	She is easily frightened.
소심합니다.	She is timid.
인내심이 없습니다.	She is not very patient.
성격이 급합니다.	She is impatient.
싫증을 잘 냅니다.	She gets tired/bored of things very easily.
매사에 소극적입니다.	She is passive at everything.
낯선 환경을 두려워합니다.	She is afraid of new environments.
친구들과 잘 어울리지 못합니다.	She does not get along with her friends.
엄마가 없으면 불안해합니다.	She gets anxious/nervous when her mother is not around.

• anxious 불안해하는

수학이 좀 부진합니다.	She has some difficulty with math.
수업에 관심이 없어 보입니다.	She doesn't seem to be interested in class.
쉽게 토라집니다.	She gets easily upset.
작은 일에도 화를 잘 냅니다.	She easily gets mad at even small things.
어른들을 공경하지 않습니다.	She does not show respect to adults.

• show respect to ~을 공경하다

말이 좀 많습니다.	She tends to talk a lot. / She is talkative.
말이 너무 없습니다.	She is too reserved • reserved 내성적인, 말을 하지 않는
남을 자주 때립니다.	She often hits others.
남을 배려하지 않습니다.	She is not considerate of others.
자기 차례를 지키지 않습니다.	She has trouble waiting for her turn.
주의가 잘 산만해집니다.	She is easily distracted. • distracted 산만한
집중력이 약합니다.	She doesn't concentrate well.
계속 집중하지 못합니다.	She has trouble staying focused.
한 가지 일을 오래하지 못합니다.	She has a hard time staying on task.
단순 반복하는 일을 싫어합니다.	She does not like simple repeating tasks.
잘 웁니다.	She often cries.
편식을 합니다.	She is picky about food.

부모

● 수업 태도 묻기

수업 태도는 어떤가요?	How is his behavior in class?
선생님 말씀은 잘 듣는지 궁금합니다.	I was wondering if he listens to you. • wonder if ~인지 아닌지 궁금하다
수업시간에 발표는 자주 하나요?	Does he often speak up during class?
수업에 적극적으로 참여하나요?	Does he participate actively during class time?

수업에 방해된 적은 없나요?	Does he ever disrupt the class? • disrupt 방해하다, 지장을 주다
수업 내용은 잘 이해하나요?	Does he understand the lessons well?
학교 규칙은 잘 지키나요?	Does he follow the school rules?
아이가 고쳐야 할 점이 있나요?	Is there anything that he needs to improve on? • improve 향상하다, 개선하다
학교생활에서 어떤 면에 신경을 써야 할까요?	Which part of his school life does he need to work on? • work on ~에 애쓰다
선생님 말씀을 잘 이해하나요?	Does he understand you well?
선생님 보시기에, 아이가 어떤 분야에 관심을 보이나요?	In your opinion, in which field does he show any interest? • opinion 의견 • field 분야
점심시간에 잘 먹나요?	Does he eat well during lunchtime?
선생님 질문에 대답은 잘하는지 궁금합니다.	I want to know if he answers your questions well.
수업에 집중하나요?	Does he concentrate in class?
짝꿍과 말을 너무 많이 하지는 않나요?	Doesn't he talk with his seatmate too much?

● 성적 문의

아이 성적표에 대해 선생님과 말씀 나누고 싶습니다.	I'd like to talk about her report card with you.
요즘 성적이 향상되고 있나요?	Is she showing any progress these days? • progress 진전, 발전
수업시간에 열심히 하고 있나요?	Is she studying hard in class?
어떤 과목에 좀 더 노력을 기울여야 할까요?	Which subject does she need more effort in? • subject 과목 • effort 노력

아이가 영어를 잘하는지 모르겠어요.	I'm not sure if her English is good.
읽기, 쓰기 실력을 더 길러야 할까요?	Should she improve her reading and writing skills?
어떤 레벨에 들어가나요?	In what level has she been placed? / In which level does she belong? • place (어떤 위치에) 놓다, 두다
영어 실력은 어느 정도인가요?	How is her English proficiency? • proficiency 능숙, 숙달
읽기를 잘하는지요?	Can she read well?
제가 집에서 읽기를 도와주고 싶은데, 어떻게 해야 하나요?	I want to help her read at home. What should I do?
시험은 잘 봤나요?	Did she do well on her tests?
이 정도 점수면 반에서 상위권인가요?	Does this score qualify her in the top part of her class? • qualify 자격을 주다
반친구들과 비교해서 어느 정도로 했나요?	Compared to her classmates, how well did she do? • compared to ~와 비교해서
가장 취약한 부분이 뭔가요?	What is her weakest part?
친구들에게 뒤처지나요?	Does she fall behind her classmates? • fall behind 뒤처지다
이 수업을 아이가 버거워하나요?	Does she find it hard to work in this class?
아이가 수업을 좀 어려워하는 것 같아요.	She seems to have some difficulty with the classwork.
숙제도 성적에 들어가는지 궁금해요.	I was wondering if you grade homework.
아이가 상위 그룹에 들 가능성이 있다고 생각하세요?	Do you think she has the potential to be in the top group? • potential 잠재력, 가능성

Chapter 28 | 원어민교사와 상담하기

● 교우관계 문의

아이가 누구랑 특히 친한가요?	Who is he especially close to?
집에서는 민서에 대해 이야기 많이 해요.	He talks a lot about Minseo at home.
다른 아이들과의 관계는 어떤가요?	How is his relationship with others? • relationship 관계
친구들과 잘 어울리나요?	Does he get along with his friends?
친구들과 말이 잘 통하나요?	Does he interact with his friends well? • interact 소통하다, 상호작용하다
친구들과 대화를 잘하나요?	Does he talk well with his friends?
반 아이들을 괴롭히지는 않나요?	Does he ever bully his classmates? • bully 괴롭히다
반 아이들을 때리지는 않나요?	Does he not hit his classmates?
다른 친구들이랑 싸운 적이 있나요?	Has he ever fought with his other friends?
민서가 많이 괴롭힌다고 하네요.	He said that Minseo bullies him a lot.
주원이와 정수 사이의 문제에 대해 알고 계시는지요?	Do you know anything about a problem between Juwon and Jeongsu?
누군가 제 아이를 괴롭힌다는 사실을 알고 계시는지 궁금합니다.	I was wondering if you're aware that someone is bullying my child.
어떤 애들이 희수를 괴롭히고 있다는데 아시는지요?	I was wondering if you're aware that some kids are picking on Heesu. • pick on ~을 괴롭히다
새로 온 친구가 있나요?	Are there any new students?
최근 어떤 학생이 전학 갔나요?	Has any student left school recently?
한번은 지원이와 다퉜다고 하더라고요.	He once told me that he had a fight with Jiwon.

| 서로 화해는 했나요? | Did they make up with each other? |
| | • make up 화해하다 |

| 아이가 지나하고만 어울리네요. | He is only hanging around with Jina. |
| | • hang around 어울려 다니다, 놀다 |

| 다른 반 아이들과 사귈 수 있도록 도와주세요. | Please help him make friends with his other classmates. |

● 준비물 문의

| 내일 수업에 필요한 준비물이 있나요? | Are there any materials needed for tomorrow's class? • material 자료, 물품 |

| 월요일 수업에 가져가야 할 게 있나요? | Does she need to bring anything for Monday's class? |

| 매주 수요일에는 운동복을 입어야 되나요? | Should she wear gym clothes every Wednesday? |

| 우리 아이가 수업에 가져가야 할 것을 적어주세요. | Please write down what my child needs to bring to her class. |

| 아이가 소풍에 뭘 가져가야 하죠? | What does she need to bring for her field trip? |

| 아이가 오늘 아침에 준비물을 놓고 가서 가져왔어요. | I brought the supplies that she forgot to bring this morning. |

| 아이 편에 준비물을 보냈습니다. 다 있는지 확인해 주세요. | I sent the materials with her. Please check if everything is there. |

| 내일 수업에 필요한 준비물을 알려주시면, 아이가 꼭 다 가져가도록 하겠습니다. | If you let me know about the materials needed for tomorrow's class, I will make sure that she brings everything. |
| | • let A know A에게 알리다 |

감사 편지

- 엄마의 편지

_____ 선생님께

안녕하세요. _____ 엄마입니다.
그동안 우리 아이를 가르치고 지도해주셔서 감사합니다.
선생님이 잘 보살피고 도와주셔서 아이가 많이 성장했습니다.
_____가 선생님을 무척 좋아해 유치원에 가는 것을 좋아합니다.
제 아이를 사랑으로 감싸주셔서 감사드립니다.
선생님의 따뜻한 미소 결코 잊지 않겠습니다.
내년에도 건강하시고 하시는 일 모두 잘 되길 빌겠습니다.

_____ 엄마 드림

Dear Ms. _____,

Hello! I'm _____'s mother.
Thank you for teaching and guiding my child so far.
He has shown great progress under your excellent care and support.
_____ enjoys going to kindergarten because he loves you.
Thank you for your sincere love for my child.
I will never forget your warm smile for us.
I wish you all the best and good health in the next year.

Sincerely,
_____

● 아이의 편지

_____ 선생님,

1년 동안 저를 가르쳐주셔서 고맙습니다.
선생님은 뭐든지 정말 친절하게 도와주셨습니다.
선생님이 계셔서 학교 가는 것이 즐거웠어요.
거듭 감사합니다.

_____ 올림

Dear Mr. _____

Thank you for teaching me for the entire year.
You helped me in everything very kindly.
I loved to go to school because of you.
Thank you again.

Love,
_____

편지 문구

아이를 잘 보살펴주셔서 감사합니다.	Thank you for taking good care of my child.
아이에게 사랑을 베풀어주셔서 감사합니다.	Thank you for loving my child.

지나에게 해주신 그 모든 훌륭한 일에 감사합니다.	I thank you for all the wonderful work you have done with Jina.
즐겁고 행복한 방학 보내세요.	Have a very fun and happy vacation.
모두 선생님의 도움과 응원 덕분입니다.	It was all because of your help and support.
한 해 동안 수고 많으셨습니다.	Thank you for working hard for the entire school year.
감사한 마음에 조그만 선물을 준비했습니다.	I brought a small gift as a sign of appreciation. • sign 신호, 표시 • appreciation 감사
늘 건강과 행복이 함께하기를 바랍니다.	I wish you good health and happiness.
아이가 많이 보고 싶어 할 것입니다.	My child will miss you a lot.
항상 선생님의 노고에 감사드립니다.	I'm always grateful for your effort.
아이가 선생님을 만나게 된 것을 정말 행운이라 생각합니다.	I think that my child is really lucky to have you as a teacher.
그 모든 수고에 정말 감사드립니다.	Thank you very much for all your work.
덕분에 아이가 학교를 마음 편히 다닐 수 있었습니다.	Because of you, my child could feel at home at school. • feel at home 편하게 느끼다
덕분에 아이의 영어실력도 많이 늘었습니다.	Because of you, his English skills improved a lot.
아이가 잘 배울 수 있게 도와주셔서 정말 감사합니다.	I really appreciate the way you helped him learn.
아이가 수업에 잘 참여하게 독려해 주셔서 고맙습니다.	I thank you for encouraging him to participate in the class. • encourage 격려하다
선생님 덕분에 민수가 학교생활을 즐거워합니다.	Minsu is really enjoying his school because of you.
제가 영어가 서툴러서 선생님과 많은 이야기를 못 나누어 아쉽습니다.	I feel bad for not having talked enough with you because of my limited English.

| 제가 영어가 부족해서 감사하다는 말씀도 제대로 못했습니다. | I didn't even have a chance to thank you because my English is not that good. |
| 앞으로 하시는 모든 일 잘 되시길 바랍니다. | I wish you all the best in your future endeavors. • endeavor 시도, 노력 |

인사 편지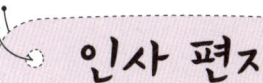

● **스승의 날**

스승의 날 축하드립니다!	Happy Teacher's Day!
축하드리며 아울러 이 특별한 날에 감사와 행운을 기원합니다.	Congratulations and best wishes to you on this special day.
스승의 날이 있어서 선생님께 감사의 마음을 표할 수 있어 좋습니다.	It's nice that there is Teacher's Day because it allows me to show my appreciation to you.
늦었지만 선생님의 노고에 항상 감사드려요. (스승의 날보다 늦게 보낼 때)	I know it's too late to say this, but I'm always thankful for your work.

● **크리스마스/신년 인사**

즐거운 크리스마스 보내세요!	Have a very merry Christmas!
이번 크리스마스에 평화와 사랑과 기쁨이 함께하길 기원합니다!	Wishing you peace, love, and joy this Christmas!
선생님과 가족분께 멋진 크리스마스를 기원합니다!	Wishing you and your family a wonderful Christmas!
이번 크리스마스에 선생님과 선생님이 사랑하시는 분들께 행복과 기쁨만이 넘치기를 기원합니다.	May the Christmas season bring only happiness and joy to you and your loved ones.

크리스마스의 기쁨과 행복이 신년에도 이어지기를 기원합니다!	May the joy and happiness of Christmas last throughout the new year!
새해엔 만사형통하시길 바랍니다.	I hope that everything goes well in the new year.
새해에는 행복하시고 번창하시길 빕니다.	Best wishes for a happy and prosperous new year. • prosperous 번영한, 번창한

● **사죄 편지**

제 자식의 그릇된 행동을 사죄드리고자 편지를 씁니다.	I'm writing to apologize for my child's misbehavior. • misbehavior 버릇없음, 품행 나쁨
어제 아이가 한 말에 사과드립니다.	I'm sorry about the things he said yesterday.
아이가 실수하여 죄송합니다.	I'm sorry for his mistakes.
제 자식이 저지른 잘못을 죄송하게 생각합니다.	I'm sorry for the wrongdoing that my child committed. • wrongdoing 잘못 • commit (일을) 저지르다
우리 아이 때문에 힘드셨다면 사과드립니다.	I'm sorry for any trouble that my child may have caused you.
아이가 분명 잘못을 했으니 선생님께 사죄드립니다.	I apologize to you because she obviously did a poor job. • obviously 분명히, 확실히
아이가 선생님께 거짓말한 걸 알게 되었습니다. 그 점 사과드립니다.	I found out that she lied to you. I would like to apologize for that.
아이로 하여금 선생님께 사과드리도록 하겠습니다.	I'll have her apologize to you for that.
다시는 이런 일이 없도록 하겠습니다.	I promise I won't let this happen again.

영미권에서 흔히 쓰는 각종 단위들

온도 Temperature

섭씨를 사용하는 우리나라와는 달리 미국에서는 화씨를 사용합니다.

- 섭씨 (Centigrade °C) = (화씨 − 32) × 5/9
- 화씨 (Fahrenheit °F) = (섭씨 × 1.8) + 32

길이 Length

길이는 인치(inch), 피트(feet), 야드(yard), 마일(mile)로 표시합니다.

- 1 in (inch) = 2.54 cm
- 1 ft (feet) = 12 in = 30.48 cm
- 1 yd (yard) = 3 ft = 91.44 cm
- 1 mi (mile) = 1,760 yd = 1.6 km

부피 Volume

- 1 gal (gallon) = 3.8 liters

넓이 Area

- 1 sq ft (square feet) = 929 sq cm = 약 1/36 평
- 1 sq yd (square yard) = 9 sq ft = 약 1/4 평
- 1 acre = 4,047 sq m = 약 1,227 평

미국에서 쓰는 생활 속 단위들

신발 사이즈 Shoe Size

우리나라에서는 mm로 신발의 크기를 나타내지만 미국에서는 Size가 얼마인지를 알아야 합니다.

〈남자〉
- Size 6 = 240 mm
- Size 7 = 250 mm
- Size 8 = 260 mm
- Size 9 = 270 mm

〈여자〉
- Size 5 = 220 mm
- Size 6 = 230 mm
- Size 7 = 240 mm
- Size 8 = 250 mm

옷 사이즈 Clothing Size

〈남자〉

바지 사이즈는 2개의 숫자로 표시합니다. 예를 들어 28-30, 34-32와 같은 숫자가 있는데, 앞의 숫자는 허리 사이즈를, 뒤의 숫자는 바지의 길이를 나타냅니다.
T-shirt는 small, medium, large, extra large 등으로 표시합니다.

〈여자〉

여자 옷은 size로 표시합니다.
(가슴(B), 허리(W), 엉덩이(H))

- Size 2 = B32.5, W24.5, H35인치
- Size 4 = B33.5, W25.5, H36인치
- Size 6 = B34.5, W26.5, H37인치
- Size 8 = B35.5, W27.5, H38인치
- Size 10 = B36.5, W28.5, H39인치
- Size 12 = B38, W30, H40.5인치
- Size 14 = B39.5, W31.5, H42인치
- Size 16 = B41, W33, H43.5인치

〈티셔츠〉

티셔츠(T-shirt)의 경우에는 size 대신 extra small, small, medium, large 등으로 표시하기도 합니다. size와의 관계는 다음과 같습니다.

- XS = size 2
- S = size 4 ~ size 6
- M = size 8 ~ size 10
- L = size 12 ~ size 14
- XL = size 16

〈아기 옷〉

아기 옷은 2세 미만은 M(month)으로 표시합니다. 즉 8M은 8개월 된 아기의 옷입니다. 만 2세 이상의 유아는 T(toddler)로 표시하는데, 브랜드마다 약간 다르긴 하지만, 보통 우리나라의 만나이를 표시한다고 생각하면 됩니다. 3T는 만3세, 4T는 만4세 아이에게 적당합니다.